国中世都市纪行

宋代的都市与都市生活

[日] 伊原弘 著

洪怡 译

浙江古籍出版社
Zhejiang Ancient Books Publishing House

浙江省版权局著作权合同登记号图字：11-2024-027

图书在版编目（CIP）数据

中国中世都市纪行：宋代的都市与都市生活 /（日）伊原弘著；洪怡译. -- 杭州：浙江古籍出版社，2024.10. -- ISBN 978-7-5540-3069-1

Ⅰ. K928.5

中国国家版本馆CIP数据核字第2024BY8883号

中国中世都市纪行：宋代的都市与都市生活

（日）伊原弘　著　洪怡　译

出版发行	浙江古籍出版社
	（杭州市环城北路177号　电话：0571-85068292）
网　　址	https://zjgj.zjcbcm.com
责任编辑	黄玉洁
文字编辑	张紫柔
封面设计	杜　宇
责任校对	刘成军
责任印务	楼浩凯
照　　排	浙江大千时代文化传媒有限公司
印　　刷	浙江全能工艺美术印刷有限公司
开　　本	880mm×1230mm　1/32
印　　张	6.25
字　　数	140千字
版　　次	2024年10月第1版
印　　次	2024年10月第1次印刷
书　　号	ISBN 978-7-5540-3069-1
定　　价	48.00元

如发现印装质量问题，影响阅读，请与本社市场营销部联系调换。

序言　寻找宋代都市的真实面貌

最近关于都市的研究十分兴盛。这在日本史、西洋史领域尤为显著，人类在漫长活动中构筑起的诸种形态得以被了解，可谓是都市研究开始被视为优秀且重要课题的佐证。当然，东洋史亦是如此。作为人类活动场所的人造聚居地，都市引发了东西方的强烈兴趣。

但在东洋史，尤其是中国史领域，这样的都市研究方向尚未得到充分传达，亦未被充分了解。日本人总是倾向于关注西欧的特性也在这里体现出来。

中国史研究者也并非没有责任。研究者未能抓住机会积极地介绍。这可能也是读者的要求，因此读者始终着迷于长安、洛阳等古代大都市的旅游导览性介绍。

仅长安、洛阳而言，可能有些谈得过多。虽然也有日本人感兴趣的中国其他都市，但数量依然有限，且存在偏颇。长安、洛阳之外，还有北京、南京、上海、苏州等都市。无论何者，都是近代政治、经济交流中引人注目的都市。而中国其他都市的相关知识则可谓贫乏。

自古以来，渡海至中国的日本人，大部分都是在宁波登陆上岸。

近世到访日本的西欧人，对日本都市，比如堺①，显示出相当的兴趣。宁波虽然是贸易港，但并未如这般引起日本人的兴趣。日本人对中国都市的知识就是如此的匮乏而有限。

差不多是时候打破这种旅游导览性的叙述与知识传播了。我认为，今后必须把握机会，关注中国都市的生态与形态，同时对都市中展开的社会生活进行探索，一边扩大探索的外延，一边深入其内涵。这不仅关系到对中国都市理解的平衡，也关系到对亚洲都市发展的理解，还关系到对日本都市的理解。

简单介绍一下本书所说的中世都市。

在日本，围绕本书提到的以宋代（960—1279）为中心的时代是中世还是近世，学界进行了长期而深入的争论。这场争论主要是以农村研究为舞台展开的，从整体意义上说，都市不在争论对象之内。除了中国都市本身与西欧中世纪都市有着明确差异，也存在其内部结构难以把握等诸多问题。

都市作为卓越而活跃的活动场所，到底是属于中世，还是近世，事实上还难以界定。很多人对使用中世为标题也许抱有疑问，但我斗胆在此一用。

相比贵族统治下的唐代华丽都市，宋代都市中平民活跃，充满繁杂的气氛。没有古代梦幻与浪漫可言的宋代都市，要判断它属于

---

① 译者注：日本城市名，位于大阪府中部。在古代，堺因位于摄津、河内、和泉三地边界，又临海，成了重要的贸易港口城市。日本应仁之乱（1467—1477）后，日本与明朝勘合贸易的始发港由兵库转移至堺，由日本的堺出发往中国宁波进行朝贡贸易，堺由此迅速崛起，当时由大商人组成"会合众"与"纳屋众"进行自治。

中世，尚需一些时间。况且中国都市早熟，人群熙攘，都市设施丰富。不久前才在伦敦、巴黎以及江户可见的风景，在宋代便已展现。但是，这些仅是现象层面的，并非是对时代的判定根据。

任何时代都有其相应的发展过程，处于巨大的变化之中，仅凭宋代都市中有限的先进现象，就认为宋代都市已经进入了近世，实属草率。包围于广大农村之海中的都市所展现的原始风景是怎样的？我认为可以从这一点开始讨论。在这样的出发点下来揭示当时的都市景观。

还有就是，关于为什么是中世呢？无论东方西方，我们的文化都是从文艺复兴开始的。在中世的僵局中，人们从古代的再发现中寻求出路，抓住了向近代社会发展的契机。文艺复兴由此产生，都市的发展也开始向我们的时代迈进。

从这个意义上来说，我们的时代是与古代直接连接的，我们生活于古代之中。思考一下就明白，我们对于中世文化的知识是匮乏的。一说到古典，马上就能想到古代的作品。而中世的文学作品至今还处于人们心灵的陌生角落。中世是一个依然陌生的世界。我们的世界与古代直接连接，中世则在我们的意识之外。

换言之，中世于我们而言，是尚处于深深迷雾中的未知世界，是一个迷宫。正如翁贝托·埃科（Umberto Eco）原著、勒高夫（Jacques Le Goff）在内的年鉴学派七人所描绘出的《玫瑰的名字》中书库所构成的迷宫一般。

当现代社会发展速度变缓，停滞不前时，当人们认为"现代社会又逐渐迈入死胡同"时，为了寻求出路，必须眺望未知的时代，也就是中世。

当感到"我们站在通往未来的窗口"之时，我们要靠什么才能前进呢？在中世的末期，那是通过对古代的研究。对现在站在通往未来大门前的我们而言，中世正是应该学习的时代。在古代社会的没落中，人们直面不畏，开拓了中世。现在不正是对中世进行重新认识与思考的时代吗？

尽管如此，电影与小说等作品中描绘的中世世界是何等黑暗沉重。古代天空明亮，充满光明。相比之下，中世的天空是黑暗的，为重重乌云所笼罩。但是，无论在什么时代，人皆有欢乐与烦恼，并非独独中世时代就是阴郁不乐的。

中文版序言

我一直关注中国都市史研究，著作《中国中世都市纪行——宋代都市与都市生活》将翻译为中文出版，深感欣喜。本书是我长年研究活动中最早的研究著作。在长期研究中，我深感宋代都市是充满魅力的存在。

中国历史上，都市的发展与文化繁荣是毋庸置疑的事实。尤其是宋代，这是一个平民文化兴盛，都市与文化益加发达，都市生活繁荣的"花开时代"①。无论是首都还是地方都市，都表现出同样兴盛的面貌。须先说明，所谓"花开时代"，并非是说之前没有这样的现象，而是指持续至今的都市繁荣与人们的活动等现象明确地表现出来的时代，其真实面貌仍存于文献、地图、绘画之中。到了宋代，这是一个相比以往都市面貌越发醒目的时代，展现出活泼且自由的都市与都市生活的时代。前往宋代都市的日本旅行者也将这种都市生活繁盛的面貌记录下来。本书关注这一点，叙述宋代中国都市与生活在那里的人们的鲜活实态。希望通过本书能邀各位读者一往宋代都市感受其魅力。

---

① 译者注："花开"一词使用原日语词汇，有多年努力获得成果或文化变得繁盛之意。既指宋代都市文化的繁荣状态，又指这种繁荣历经长期发展，至宋代大盛。

最后,向帮助本书翻译、出版的各位表示感谢。作为长年从事中国都市研究的研究者,能有这样的机会,我感到不胜喜悦。希望大家享受这次宋代都市之旅。

目 录

序言　寻找宋代都市的真实面貌…………………………… 001
中文版序言………………………………………………… 005

一　中世之旅……………………………………………… 001
　　《入蜀记》………………………………………… 002
　　到访中国的旅行者与记录………………………… 003
　　陆游的旅行………………………………………… 003
　　建康府的景观……………………………………… 007
　　建康府内…………………………………………… 008
　　都市中的交流……………………………………… 009
　　都市留名的人物…………………………………… 010
　　历史中都市旅行的方法…………………………… 012
　　何谓宋代…………………………………………… 013
　　都市地图…………………………………………… 013
　　都市绘画…………………………………………… 017
　　其他史料…………………………………………… 019

二　前往中世都市 ………………………………… 021
何谓都市 ………………………………………… 022
都市的统治体制 ………………………………… 023
都市人口 ………………………………………… 025
生活在都市的人们 ……………………………… 026
都市的形态 ……………………………………… 028
临淄 ……………………………………………… 029
都市的设计理论 ………………………………… 032
长安 ……………………………………………… 033
新变化的产生 …………………………………… 036
新都市的诞生 …………………………………… 038
钱的价值 ………………………………………… 040
官僚的俸禄 ……………………………………… 042
城墙形态 ………………………………………… 044

三　城郭内的变化 ………………………………… 047
唐代的城内 ……………………………………… 048
长安的景观 ……………………………………… 050
景观的变化 ……………………………………… 051
街道的变化 ……………………………………… 053
地名与街区的变化 ……………………………… 056

四 都市·苏州 ········· 059
路面铺设的发展 ········· 060
桥梁的建设 ········· 064
上水道的维护 ········· 066
下水道 ········· 067
宋代苏州 ········· 069
苏州外观 ········· 070
苏州近郊的风景 ········· 073
进入苏州城 ········· 075
水路·陆路 ········· 078
城南 ········· 080
前往城北 ········· 082
乐桥一带 ········· 084
前往城外 ········· 086
水生都市苏州 ········· 087

五 都市生活的开展 ········· 091
宋代国都 ········· 092
开封的建设 ········· 093
开封的形态 ········· 096
前往开封 ········· 102
开封素描 ········· 104

开封与节庆 · 106
　　元宵之夜 · 109
　　节日夜晚 · 113
　　军队游行 · 119
　　军事演习 · 123

六　都市的24小时 · 127
　　开封的早晨 · 128
　　食品店 · 131
　　澡堂 · 133
　　粪便处理 · 135
　　开封的白天 · 136
　　交通工具与车 · 138
　　相国寺一带 · 139
　　街市中的简谈 · 140
　　都市圈 · 142
　　生活圈 · 144

七　另一个首都 · 147
　　临安 · 148
　　形态 · 152
　　运河 · 153

都市结构与景观 ·············· 155

西湖畔 ···················· 159

临安的繁荣 ················ 161

风景 ······················ 164

娱乐的发达 ················ 166

犯罪都市 ·················· 169

宋代都市的无赖们 ·········· 171

结　语 ······················ 174

参考文献 ···················· 177

译后记 ······················ 181

一　中世之旅

《入蜀记》

乾道六年（1170）闰五月十八日，一名官员被任命为夔州（重庆市奉节县）通判，从家乡山阴（浙江省绍兴市）启程赴任。

通判作为副长官，是为抑制州郡长官的专权所设，但是不久便权力衰退，到乾道年间，监督之职早已不复。与作为一州之长的知州相比，通判与其分庭抗礼之姿已经消逝。北宋时一位嗜食螃蟹的官员所谓的"但得有螃蟹无通判处则可矣"[①]已成过去式。

这名赴任入蜀的通判将旅况详细地记录下来，即《入蜀记》。中国文人与日本文人不同，记日记的不多。这本《入蜀记》是完整留存下来的中国最古老的旅行记录，作为详细记载当时社会面貌的珍贵日记而历史留名。

日记内容涉及许多方面，包括旅行路线、行舟景况、舟中生活、各地名胜古迹、与各种人的交流及时时所见的风土人情。《入蜀记》写成七年后，范成大的《吴船录》记录了自四川至江南的反向之旅，但《入蜀记》远比其详细。

《入蜀记》的作者陆游，号放翁。作为南宋著名诗人，他成名很早，自言生平诗作超万首。但陆游对自己的作品要求颇高，因此其实际诗作可能超过两万首。

中国文人有许多出仕为官，陆游也屡次赴任，辗转全国，所留下的日记之一便是开头提及的《入蜀记》。

---

① 译者注：语出欧阳修《归田录》卷二，北宋时余杭人钱昆欲补州郡官，有人问欲往何处，钱昆答曰："但得有螃蟹无通判处则可矣。"这句话在北宋时广为流传。

一 中世之旅

到访中国的旅行者与记录

无论在任何时代，旅行都是常事。距今久远、交通不便的古代亦是如此。无论古代还是中世，有志远行者并不被地理和时间所阻隔。去往远方的旅行是如何频繁开展的呢？可知的是，古代日本人跨越万里波涛，远渡重洋到达中国。他们在中国旅行，留下了许多记载。其中之一的圆仁被埃德温·赖肖尔（Edwin Oldfather Reischauer）[①] 称为不逊于马可·波罗的旅行者。

中世也有到中国的日本旅行者。其中，有抛下母子深情，前往宋代中国旅行的成寻，其日记为《参天台五台山记》。同时代入宋的日本僧人还有戒觉，他的日记也流传了下来。宋代之后，便是威尼斯的马可·波罗，其日记的珍贵性众所周知。

陆游的旅行

陆游离开家乡，开始了悠闲的舟行江南之旅。他所描述的沿途都市的面貌实在是颇有意趣。

他自家乡绍兴出发之际，在附近的柯桥与送行者道别。绍兴是一处运河城镇，浑浊的运河水在其间流淌。当时陆游从运河上的一座浮桥走过。浮桥是以船只连接、铺设木板而成的桥梁。众多船只往来运河中，当地人的生活也与运河密切相关，即便是今天也依

[①] 译者注：埃德温·赖肖尔是美国历史学家和外交家，精通日语，熟谙日本文化与风俗。他曾经将圆仁的《入唐求法巡礼行记》翻译为英文 *Ennin's Diary*，又撰有 *Ennin's Travels in Tang China* 一书。

003

然可见。多年前，我在当地访问时，还能看到人们用运河水浣洗、沐浴的景象，满载人与货物的船只航行其中。这样的江南地方景象，自古至今，几乎未曾变化。水乡泽国的江南，许多人家散落在茫茫水田和蜿蜒运河之间，形成村庄和市镇。

陆游与送行者依依惜别后，到达了杭州，即当时被称为临安的南宋首都。暌违八年，陆游在临安与兄长及友人再会，一起在城内与西湖周边游览。长途旅行前的短暂休整后，他再次出发了。

但是旅途并不顺利，天气既炎热又降下大雨。丰沛的水资源使得江南蚊蚋成群，家人也在旅途中病倒。

身处于这样艰难状况中的陆游，仍然勤勉地写着日记。他记载到，秀州（今属浙江省）附近的运河水泛滥，农民们全家出动，忙于排出积水，男女孩童都竭力投身其中。特别是妇女，她们的勤劳尤为让人惊叹，脚踏水车，手中还在不停歇地绩麻。

妇女劳动的身影或许深深触动了陆游，在旅途更加深入腹地后，他又记述了从事纺绩的妇女，以及孩童们走街串巷努力兜售的身影。中世的人们为了生活，辛勤地劳作着。

靠近都市，做小买卖的行商多了起来，他们扣击船舷招揽客人，出售小鱼与鲊。鲊即腌鱼，是将鱼置于酒糟和盐中腌制而成的，类似于日本的鲫鱼寿司[①]。沿长江而上，至大信口，孩童们前来兜售菱角、莲藕、芡实等物。

陆游还记录了沿途景色，即使同属于江南水乡，景色也因地而异。秀州正值茉莉花盛开的季节，无锡附近则多种植菽、粟。

---

① 译者注：鲫鱼寿司（鮒ずし）是日本一种历史悠久的寿司。将春季带鱼子的鲫鱼去除内脏，以盐腌制二三月，再放入米饭腌制发酵而成。

不单是景色，陆游也记录了所见到的人。从长江而出，在瓜洲地界，陆游看到了许多军士。对于失去华北的南宋而言，一旦渡过长江，便与宿敌金国接壤。大概是因瓜洲靠近前线，才会聚集如此多的军士。

陆游还看到一些稀奇之物。在芜湖，他看到了绿毛龟和江豚。江豚就是淡水海豚。绿毛龟是什么，笔者也不甚了解，只是以前在电视智力竞赛节目上看到过通体被绿藻覆盖的乌龟。在中国似乎可以人工培养出绿毛龟，陆游所说的也许就是这个。

江豚似乎种类多样。在陆游笔下，江豚有黑色的和黄色的。当赤红色、长达数尺的江豚突然跃出水面时，陆游被吓出一身冷汗。陆游笔下沿途景象多姿多彩，悠闲舒适。

现在的湖北省周边仍可见木筏。宋代的这类木筏宽十几丈，长五十多丈，如果换算成如今的单位，会有些许差异。现在为了方便，我利用手头《汉和中辞典》（角川书店版）中的历代度量衡一览表进行换算。本书后文中的换算也以此表为依据。

据此可知，1 丈为 3.072 米。木筏的宽度超过了 30 米，长度足有 150 米以上，十分巨大。陆游记载，木筏上居住着三十至四十户人家，各户之间小道纵横，他还在上面找到座神祠。这样的木筏还算小的，大的木筏上铺土建菜园，连酒肆都有。

上述种种，陆游日记中都有详细记述。当然，除了风土人情，都市的景观也被记录下来。陆游的日记中出现了许多的城市，这里集中介绍一下建康府。

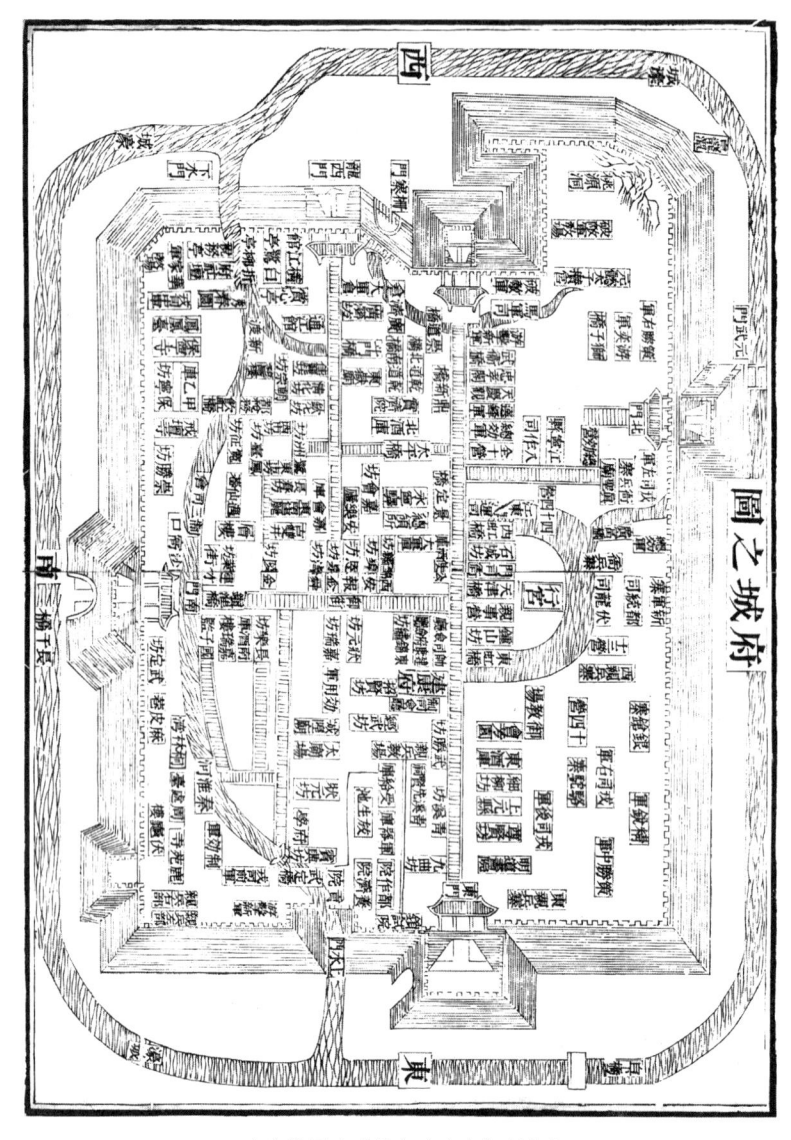

建康城图（《景定建康志》所收）

赏心、白鹭二亭位于西南下水门处。其上的龙西门侧的栅寨门周边被河水侵占的地方附近有民户。

一　中世之旅

建康府的景观

　　陆游日记对到建康府（今南京）的沿路情况进行了记述。从长江驶出，沿河道而行很快就到建康了。建康附近可以看到一些小村落和庄园。很快，城门"龙西门"便映入眼帘。城上的右手边是赏心亭与白鹭亭，左手边是二水亭。陆游感叹赏心亭为其他二亭所遮蔽，失去了往昔的壮观。

　　系舟入城后，便到了南宋屈指可数的大都会。建康府中泊船的秦淮亭，自古以来临秦淮河而立。流经建康府南部的秦淮河一带，自古便是知名的欢场。

　　相传过去秦始皇因听闻五百年后建康将有王者出的预言，为除建康王气而开凿了秦淮河。时为兵家争斗战场的秦淮河也因地利之胜，成为建康的繁华之地，兴旺热闹起来。明清时期，众多的游船与灯船泊于秦淮河中，成为文人们寻欢作乐的托身之所。秦淮河繁华欢乐中的诸种热闹光景与传闻故事详见于《板桥杂记》，该书作者也曾乘船造访秦淮。

　　仅述秦淮河的繁华，便有道之不尽的记载。秦淮河中，城西栅寨门周围被有势者占据，营建花圃，导致时有水灾发生。还有填平河岸营建屋舍者。

　　这并不仅是秦淮河的问题，其他地方也多有类似情况。《西湖三塔记》作为上田秋成《雨月物语》中的《蛇性の淫》（《蛇性之淫》）的蓝本而为世人所熟知。《西湖三塔记》讲述了年轻男子宣赞被白蛇女妖纠缠的故事。虽然它或许只是临安人在寻欢作乐之所编造的故事，但其中有一段对话值得注意。母亲对遇到妖魔的儿子宣赞这样说:"我儿,我晓得了。想此处乃是涌金门水口,莫非闭塞了水口,故有此事。我儿,你且将息,我自寻屋搬出了。"①

以此来看,平民的住宅就算是在水闸附近也难逃被侵占的命运。只要河岸尚余空地,便会有人建起简易棚屋,开垦农田。古今对土地的侵占如出一辙。

官府也没有对河道勤加监管,任其被擅自私用。即便整条河没有因此溃决,据记载所示,由于土地侵占,造成河道变窄,不久便形成淤塞。

在稍远离秦淮风光、繁华闹市的地方,也有着小户、农田。笔者在扬州旅行之时,见过将扬州城分为东西两边的运河暗沉浑浊,不由感慨万千。

建康府内

在逗留建康府的数日中,陆游去了各种地方。现在就用建康府城图来揭示陆游的行动路线。通过精读这样的地图,陆游漫步的都市变得清晰起来。通过分析人物的行动记录来阅览地图,都市中的景观与人们的活动情况也就栩栩如生地展现出来了。

陆游走在热闹的建康府主街上。在陌生的都市旅行时,谁都会首先选择走主街。原因也很简单,不仅仅是为了安全,更因为热闹

---

① 译者注:《西湖三塔记》是南宋话本,讲述了临安府(今杭州)奚宣赞被西湖中的白蛇妖引诱后由其叔叔奚真人救出,奚真人在西湖中造三塔以镇压白蛇一家三个妖怪的故事。此处引用的是明代嘉靖年间洪楩编印的《清平山堂话本》卷一《西湖三塔记》。

的主街上各种设施齐全。在陌生的都市，旅行者的行动古今都一样。陆游也是如此。陆游走的是一条繁华的主街道，旅店、食肆、寺庙无一不有。他外出的目的地则都是名胜古迹。

要捕捉人们在都市中的行动轨迹，应当从这些细微的线索开始，这样才有可能更为具体地去了解当时都市的结构与景观。因为无论旅人走的道路，还是都市居民走的道路，基本上都会有相同的部分。热闹的地方是都市中人们频繁通过的道路。名胜古迹也是如此。所谓名胜古迹，便是这片土地上来历悠久，为人们所熟知的地方。

陆游游览的名胜有位于冶城山麓的天庆观、建康城西门外的清凉广惠寺、钟山的道林真觉大师塔、钟山半山腰的王安石故居（即报宁禅院），还有保宁寺、戒坛寺，都是建康代表性的名胜。以上是陆游七月五日到达建康至十日出发前的活动。

旅人走的街道同时也是物资流通的道路，即经济繁荣之所。这样可以推测出已经消失的都市中的各种流通形态。如此一来，都市的经济结构也变得明朗起来。

都市中的交流

旅途中也会与人相遇。如果旅行者是个名人的话，当地人会来拜访他。反之，亦有旅行者主动与地方人士相会，寻求交流。

翻阅陆游的日记，当时旅人的面貌跃然纸上。在行宫所在的建康府中，陆游积极地进行社交。他一方面与地方政府的高层官员聚会，另一方面与有名的文人会面。不论在哪个时代，一旦成为陆游那般的名人，来访者总是很多，需要拜访者也不少。相互拜访，出席宴会，忙碌异常。

不仅如此，还会收到别人的请愿。陆游在镇江就遇到了这样的情况。对方泣言自己在金兵南下时参加抗金义军，尽管后来归顺了南宋，但是没有得到任何安置，五十一岁的年纪，已经是无路可走。

陆游在建康府还遇到了南宋初宰相秦桧的孙子秦埙。秦桧是陆游过去的政敌，导致陆游仕途不畅。但是，在秦桧死去十年后，陆游的这份仇恨也应该已经淡去了吧。

秦埙居住在宏大的宅邸内，但已经没落。秦埙过去的门客证实了秦氏困苦、窘迫的情况。据门客所言，秦氏屡屡靠典当来维持门庭。话虽如此，但秦氏的年收入有十万石，还是非常丰厚的。

都市是孕育文化之地，同时又是权力的巢穴。正因如此，人们才会聚集在都市之中。当时的地方势要多出自都市居民之中。都市汇集了官吏、文人、富裕商贾。他们中有的看中了江南恬静、富裕的生活，将其作为退休后安度余生的寓居之所，有的在都市周边拥有庄园，于是定居当地。有些地方因为势要聚集，还形成了新的文化圈。

都市是消费经济的繁荣之所。以富裕闻名的江南都市，在这方面更为明显。如此一来，许多人安居于江南都市中，他们的姓名也留在了都市地名中。

都市留名的人物

当时的势要就这样居住在都市之中，其中一些还发展扩散于多座都市中，宗族繁盛。建康府的侍其氏即是如此。

侍其是中国稀见的复姓，其家族事迹人们几乎一无所知，仅留下了几人的简单传记。侍其家族中出过几名官僚，但并非高级官僚。侍其氏也出过军人，但在军人完全不受尊重的宋代，他们的名字并不是值得特意记录且流传的。尽管如此，建康府中有名为侍其巷的街道，概因侍其氏曾在此居住。有趣的是，苏州也有同样名称的街道，建康和苏州的这两个地名一直留存到了近代。

从地名中留下的姓名便可知当时在都市中定居，施展力量的是何许人物。但是，如果家族扩展到留名数个都市的程度，就必须更加认真地从多方面考虑其势力的强盛。

平民力量的提升对中世带来了极大的影响。官僚士大夫就是中世社会的胜出者。具备深厚学识的官僚，以管理者的身份统治由众多地主和商人等富裕阶级组成的阶层，但他们却是不折不扣的平民出身。

吉川幸次郎这样评论：宋代的士大夫因出身平民，因此心慕高雅；唐代贵族本就出身高贵，故反而俗气十足。可谓卓见。

士大夫虽然地位优越，但要确立这种优越地位，就必须要通过科举。即便登科，或许也会有诸多不顺，如没有获得官职起家，没有觅得差事在身等等。无论是士大夫，还是都市留名的家族，都有三六九等之别。就像平民阶层中也有着各种各样的等级划分。

在都市中留名，且横跨数座都市的家族，如实地反映出当时都市中势要的世界。侍其氏作为当时的势要之家，能够为人获知其与都市之间存在怎样的关系，不过是因为恰好有史料留存。

这些都市势要是否乐于与陆游这般的人物往来，乐于和他们交流？在陆游日记中留下名字的他们又是中世都市中怎样的存在呢？

这又引起了我更多的兴趣。

陆游中世旅行的日记如此之珍贵，但是仅凭日记还不能详悉都市景观。他所走过的都市到底有着怎样的风景，我们这就出发去都市旅行一窥吧。

历史中都市旅行的方法

要如何在已经消失的历史都市中旅行呢？我们没有赫伯特·乔治·威尔斯（Herbert George Wells）所构想的时间机器。[1]要成为时间旅行者漫游过去，必须另寻他途。因此，在旅行开始之际，让我来传授大家这个方法吧。

方法很简单。必要的东西有时刻表、旅行指南、地图，外加一颗旺盛的好奇心。希望大家提前进行一些调查来寻找资料，充实自己的知识储备，最好浏览相关的书籍与照片，事先调查下物价也会很有趣。

这与现代旅行是类似的，轻松地将需要的物品塞满自己的包即可。但是，有一个东西不能落下，那就是想象力。只要能够做梦，让想象的羽翼振翅高飞即可。这样一来，就能像 The Never Ending Story 里的少年一样进行旅行。[2]

---

[1] 译者注：赫伯特·乔治·威尔斯（1866—1946），英国著名小说家，被誉为"科幻小说之父"。1895年出版《时间机器》，这是世界科幻小说史上第一部以时间旅行为题材的作品。

[2] 译者注：电影 The Never Ending Story（1984），中文名《大魔域》。讲述小男孩 Bastian Bux 迷上了一本名叫《永不结束的故事》的书，书中的故事将 Bastian Bux 深深吸引到书本里，甚至让他幻想自己就是其中最重要的角色，在书中的每一个地方旅行。

何谓宋代

现在开始要访问的就是中国的中世——宋代,一个建立于公元960年,灭亡于1279年的王朝。

宋朝以靖康之变(1126—1127)为分界点,分为北宋和南宋。北宋几乎统治了中国的全境,但是被女真人建立的金国所灭。北宋最后的皇帝徽宗、钦宗父子二人被金人带去了遥远的五国城(在今黑龙江),在自食其力的悲惨生活中逝去。

宋皇室的皇子南逃重建了宋朝——南宋。南宋的统治范围限于淮水与大散关一线以南。在发达的生产力的基础上,南宋获得了前所未有的繁荣,但结局亦是悲惨,宛如日本源平坛浦之战中灭亡的平氏家族。① 在元军的包围下,漆黑暗夜中,南宋军民自崖山上投海自尽。据说一夜过去后,海面上漂浮着不少于10万具尸体。

宋代大致相当于日本藤原氏的全盛时期,经平家时代,至镰仓幕府中期。

都市地图

地图揭示了这个时代都市的真实面貌,是探索已消失的城市的形态的重要线索。

---

① 译者注:日本平安时代末期的武士家族,在家主平清盛时期,与皇室、公卿联姻,达到极盛,形成平氏家族把持朝政的局面。后以平氏的敌对势力源氏为首,掀起大范围反抗平氏统治的战争。1185年的坛浦之战是源平两族的决战。此役中,平氏家族许多重要成员见大势已去,纷纷投海自杀,其他成员或被斩首、或被流放。盛极一时的平氏就此烟消云散。

宋代有不少出色的地图，种类多样。在中央集权和官僚制度发达的宋代，出于行政上的必要，绘制了许多的地图。地方地图与全国地图被大量绘制，都市地区亦是如此。

现存的宋代都市地图中，可堪使用的大都为江南的州城与县城地图。原因很简单，这些地方的史料留存较多。

这些地图的留存形式与记载方法多样，精度高者和精度低者皆有。此外，一些地图是基于某种理念绘制，与现实的情况相背离。中国人对于都市怀有远超其他民族的某种信念，在解读地图的时候，必须要牢记这一点。

南京历代城址变迁图（据《中国城市建设史》所绘）

一方面，宋代地图的制作方法发达，可以绘制出精度非常高的地图，丝毫不逊色于引入了西方技术的近代地图，显示出宋人知识水平之高。火药、罗盘、印刷术这些近代文化形成所必需的技术都发展于宋朝，高精度的地图绘制技术是与其时代发展相符的成果。

另一方面，要注意的一点是，从前的许多地图都变形为方形进行绘制。将之前的宋代建康府图与想象复原图进行比较就会发现，宋代的地图是横向的，但实际的地形则是纵向的。这样做的好处是便于刊载在书上，但还必须要考虑到其中包含着中国人对方形偏爱的心理。自古以来，中国人相信"天圆地方"的思想，即认为天的形状是圆形，大地的形状是方形的想法有着很大影响。

更必须注意的是，原本纵向的地形在地图上以横向的形式呈现的情况也存在。中野美代子以很有趣的"方形论"为基础，研究中国人偏爱方形的心理，认为其内心偏爱的其实是正方形。

事实上，《周礼》中都城的理想设计就是正方形。但是，中国人的都市设计中纵向的长方形或横向的长方形居多。必须注意的是，纵向的建康府和椭圆形的宁波在地图中都以横向的长方形表示。

这需要另做讨论，但是就此简单地将原因仅归之为方形偏爱论和双联页书的便于刊载，还是过于轻率了。形状的变化会损害地图的实用性。当然，变形的地图也是可以发挥作用的。众所周知，现代的我们也是可以轻松使用明显加工变形后的观光指南图和交通指示图。但是，只是使用这样的地图，要在陌生的都市中旅行就很困难了。

地图留存的形式多样，有的被雕刻在石板和崖壁上，有的被刊附在地方志中。所谓地方志是发达的中央集权制下作为统治资料被

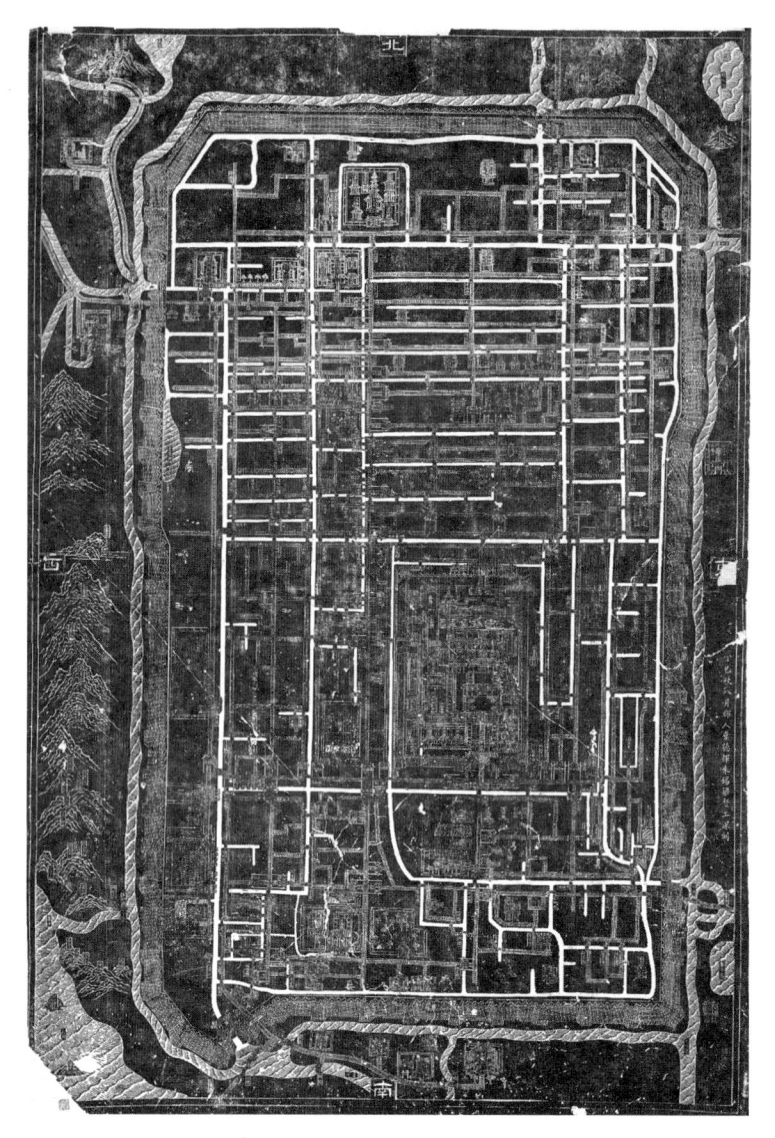

《宋平江图》（南宋绍定二年刻）

此图不仅对研究宋代苏州的都市构造有价值，对宋代建筑的研究亦提供了帮助。清末对此图进行了刻深加工。

编纂的地方相关资料汇编。地方志中虽然收录了许多地图，但其中相当一部分是假想图。此外，地图还被收录进百科全书中。《事林广记》中有名的开封地图就是被收录在明朝英主永乐帝下令编撰的《永乐大典》中。如此多样的地图中，最为出色的是苏州地图《宋平江图》。

《宋平江图》图幅巨大，远超普通人的身高，高2.02米，宽1.36米，雕刻在一块巨大的石板上，推算其比例尺为三千分之一，现收藏于苏州碑刻博物馆（原苏州孔庙）。无论是精巧程度，还是精美程度，都是其他都市地图望尘莫及的。《宋平江图》的精美为人们所赞叹，亦逐渐成为研究的对象。

这种地图，现存的还有《桂林城图》，被刻在作为旅游胜地而闻名的桂林的崖壁上。此外，很可能还存有其他这种地图。宋代建康府地方志《景定建康志》的书目中就记载有此类地图，遗憾的是未能流传至今。顺带一提，当时似乎还存在一种都市绘画。致仕退居建康府半山园的王安石，就曾观看曾任职地宁波的都市绘图，感怀赋诗。

都市绘画

接下来是绘画。对于探索已经消失的都市的我们而言，绘画也是再好不过的史料了。

据宫崎法子考证，宋代已经将绘画作为纪念品进行买卖。比如位于杭州城一隅的西湖的画就具有旅游纪念品的性质。王安石在隐退居所看到的可能就是这一类图。这说明同类的绘画流传广泛。

这些绘画中，最出众的就是《清明上河图》，为北宋末的张择端所绘，运用直线的界画技法绘制而成。因为画中的数个场景，与文献中记载的开封景致相一致，一般认为描绘的是北宋都城开封的景物。

在当时的重要节日中，清明是最为人们重视的祭祀节令之一。从冬至算起，第105天为大寒食，习俗是禁用火，食冷食，故称为寒食。这一天，人们还会集体前往郊外上坟祭奠，为新坟扫墓。当然，扫墓的同时，人们会兴致高昂地赏春游览。

这不仅仅是民间的活动，皇宫中也会过清明节。画中可以看到坐在华丽交通工具上的宫女的身姿，伴随着热闹的军乐行进的禁军，与此相呼应的还有郊外熙熙攘攘的人群。

这个时期，运动也很兴盛，特别是某种马球和蹴鞠。从取材北宋末年的长篇小说《水浒传》中的最大反派高俅靠蹴鞠发迹一事便可知其盛行程度。清明节正是开封民众享受寻春之乐的时节。

张择端这种以清明节风俗为主题的绘画作品给后世留下了深远影响，之后出现了各种各样的"清明上河图"。这些"清明上河图"都明确地描绘了城外、城内的景象。但是，张择端所绘的《清明上河图》的内容未必仅限于开封城内外的景象。

理由是，《清明上河图》中描绘的是开封主街的景象，但清明本应在城外进行祭扫活动，两者之间存在不一致之处。还有一些其他的理由，暂不赘述，但《清明上河图》本身作为都市绘画是不可否定的。

更为恰当的解释是,张择端以开封郊外繁华的行乐地[①]为中心来进行组合,用以描绘清明节的热闹风俗。因此,可以从这幅画中窥见当时一般的都市景观。正因为《清明上河图》不仅是如实地描绘开封这座特殊的巨型都市,所以对当时一般都市景观的复原也具有重要参考价值。

其他史料

像这样探索都市形态和景观,乃至深入于构造方面,地图都是必要的。作为文字国家的中国,还留下了许多的文字记录。

陆游的日记就是其中之一。去未知地点旅行时,有必要熟读一些像这样的记录。那些在古代越过波涛前往中国旅行的日本前辈们也是如此。他们尽可能地搜集并熟读前人记录。恰如我们在旅行前积极阅读旅游指南一样。不,他们比我们还要积极。

他们热心研究、阅读到了怎样的地步呢?甚至会出现不知不觉间照抄前辈文章的情况。在旅行之际,也常携带有这些记录的书册同行。因此,对待这样的日记,需多加考辨其内容,但这也确实是珍贵的史料记录。

中国的地方文书非常稀少。个人日记、家庭收支簿之类的几乎都没有。因此,要获知历史的细节就非常困难。对于物价、色彩感觉、

---

① 译者注:此处仍使用原文中"行楽地"一词。日语中"行楽地"是一切名胜古迹及设有旅游设施和娱乐设施的场所的统称。类似于中文的景点、游览地。本书其后对都市圈探讨中,亦涉及行乐地,故仍使用原文中"行楽地"一词。

日常娱乐、邻里纠纷、生活琐事，意外地一无所知。这也就意味着，这样的日记成为了不可或缺的珍贵的旅行指南。

话说回来，中国的都市研究中基础史料与其他领域的一样，都是刊印的书籍。因为缺乏地方文书，就不得不利用朝代历史和大事件的记录、地方志等所谓的官方文书。但是，在深入研究平民生活时，使用这样的史料，难免给人隔靴搔痒之感。

为了一窥平民生活，该如何寻找史料呢？需要的皆是琐碎史料，故而必须从有名或无名士人的文集、志怪奇谈为主的小说中广泛搜集这些零星史料。毕竟中国是孕育过有志将世间万物记载下来的司马迁的国度。《夷坚志》这本志怪小说就生动地记载了民众生活。士人文集中，从行政案件、奏文，到诗歌、墓志铭，所有类型的文章都有记录。

除此之外，还有一些都市限定的独特史料。比如北宋都城开封，北宋灭亡后南逃的开封游子孟元老留下了《东京梦华录》，记载开封诸事。南宋的都城临安（今杭州）也有像吴自牧《梦粱录》、周密《武林旧事》这样的详细史料，此外还有《都城纪胜》《西湖老人繁胜录》等。

除开上述都市，宋代苏州的史料还有当时的地方志。有《吴郡图经续记》《吴郡志》等书。还有近代编纂的《宋平江城坊考》这样详细易懂的资料。这些就是都市研究的基本材料，尽管存在着水平上的差异，但其他城市的情况也是基本相同的。

我们就以这些为线索，去一访中世都市的景观。

二　前往中世都市

何谓都市

　　中国的都市不尽相同。以历史悠久、幅员辽阔为豪的中国，孕育出了丰富多样的都市。关于这一点，在进入正题之前，需要先进行一番梳理。

　　秦代以来，在实行州县制的中国，都市一般是指州、县一级行政区划的治所。所谓州县制，是一种在秦代称为郡县制的地方统治制度。

　　统一天下的秦始皇为了对地方进行直接统治，在全国推行了新的统治体制——郡县制。这是一套自战国时代以来逐渐成熟的体系，在新的领土上设郡，其下设县，由中央派遣官员来进行管理，彻底贯彻中央对地方的强力统治。但是，如此激进的做法遭到了反抗，在秦亡后一度后退为郡国并行制。这是日本的世界史教科书中耳熟能详的内容，想必记得的人很多。郡在隋代改称为州。州中的大者也称为府。这便是自秦代至近代沿用不废的州县制。

　　还有州县制之外的统治体制，唐代在州之上设有道，宋代称为路，元代以降大体称为省。但是作为基础的统治体制还是州县制，州下通常设数县，相当于日本的县下设郡。

　　州县在行政上的治所，州为州城，县为县城。这些都市大都被威严的城墙所包围，中间坐镇的是作为统治据点的官署。中国的都市还兼为城堡[1]，因此中国人至今还将都市称为城市。

除了州、县一级的都市外，还有被称为镇、草市等的小都市。唐以来伴随着商业发展，交通要冲形成了镇、草市这类小都市，即所谓集市城镇（market town）。有些镇有军队驻扎、征收赋税，草市则为秫市[2]。镇、草市都是对简陋的集市的称呼，最后发展为都市。

中世之时，在中国发展出了人口众多的巨型都市，其中许多在规模上都超过了西欧的中世纪都市。但为了方便说明，我选择州县这一级别的都市来论述，因为这一级别的都市与我们通常认为的"都市"最为接近。

都市的统治体制

州城多位于辖下数县的边界交汇处。因此，作为县的交汇点的州城常被分割为数个县，由各个县分别进行统治。唐代都城长安被

---

[1] 译者注：中国古代城市的发展脉络是城堡—都邑—城市，各城市的城区结构呈现以政治、军事或礼仪功能为主的特征。中国城市的起源发展赋予其兼具政治、军事性城堡与商业市场的双重性特征。西欧中世纪城市的起源有商业起源论、手工业起源论、生产不足论等。无论何种说法，西欧中世纪城市大量产生都与当时的商业、手工业发展有着密切关系，西欧中世纪城市带有强烈的经济属性。详见包伟民：《宋代城市研究》，中华书局，2014年版，第50—52页；陈恒等著：《西方城市史学》，商务印书馆，2017年版，第115—119页。

[2] 译者注：日本学者加藤繁认为，草市最初的含义为秫市，即草料市场，后逐渐发展为一个街区。参见加藤繁著，吴杰译：《中国经济史考证》第1册，商务印书馆，1959年版，第307页。

分割为长安县和万年县，宋代都城开封被分割为开封县和祥符县，都是很好的例子。清代苏州则被三分为吴县、长洲县、元和县进行统治，各自的行政区域即县全境，这使得问题进一步变得复杂。

州城内除了设有统治整个州的政厅之外，还设有多个县的治所，管理各自的辖区。不仅城内被分割进行统治，县在行政上还包含了城墙外的区域，城内区域并非是被独立统治的，城市的行政管理呈现出一个复杂的状态。总之，无论何种形式，仅以城内区域为对象的行政体制并不存在。且自唐末起，新的统治系统"厢制"登场，随后转移为"隅制"，带来了更多的问题，但先暂且不谈。

总之，正如爱宕松男《元代都市制度と其の起源》（《元代都市制度及其起源》）中指出的，在中国，除了元朝外，都市都不可视为一个独立存在的个体来对待。

这引发出一些难解的问题。例如同一座城内，某人去往邻县辖区内，因意外事故而身亡，这种情况就难以处理了。死者身亡地点的管辖县并非其居住地。葬礼也很难办，负责葬礼的脚夫有各自的地盘，会发展为两县相关者的利益纠纷问题。

但是，有一点希望大家清楚，州城并非都是分割统治。因为州城未必处于数个县的交汇点上，也存在州城与一个县城重叠，远离辖下其他县的情况。这种情况下，州城就是被一个县城管辖。比如，唐、宋以来，作为贸易港繁荣的明州（今宁波）即一州一县，州城仅设鄞县，其他的县在府之下。

县城是行政上的最低一级，理论上不会进行分割统治。

顺带一提，中国都市诸现象，并非特殊案例。奥托·布鲁纳（Otto Brunner）已经论述过西欧存在各种形态的都市。中世纪时西欧的城市发展繁荣，"城市的空气使人自由"①这样重视自治的氛围与周边农村形成了鲜明对比。

提到西欧中世纪都市，人们脑海中浮现的通常只有绽放出文艺复兴这株美艳硕大花朵的北意大利都市，但这未必就是正确的。

都市人口

一个事实是中国都市的情况难以了解。换言之，中国都市的真实情况非常难以把握，成了研究的难点。行政区域既不明确，那么人口也就无法确定。虽然偶尔也有留存了人口数据的都市，但这更该说是一种例外。唐代的长安也好，宋代的开封、杭州也好，都没有确切的人口统计。开封如此规模的都市，推测人口约在100万，但仅凭现存的史料难以确认。

杭州人口有多种说法，大致都推定在150万人口左右。这还多亏了南宋遗民吴自牧《梦粱录》中些许不准确的相关记录。同时，就连周密《武林旧事》中一句"俗谚云：'杭州人一日吃三十丈木头。'以三十万家为率，大约每十家日吃擂槌一分，合而计之，则三十丈矣"②都被当作依据之一。

应该考察的史料还有许多，但是略观这些讨论，总让我想起儒

---

① 译者注：中世纪德国谚语"城市的空气使人自由"（die stadtluft macht frei）。〔比利时〕亨利·皮雷纳著，陈国梁译：《中世纪的城市》，商务印书馆，1985年版，第119页。
② 译者注：语出周密《武林旧事》卷六《小经纪》节"擂槌"条夹注，是南宋时杭州城内流传的谚语。擂槌是研磨米和其他杂粮的木棒，此处指杭州人每天因研磨粮食就需要消耗三十丈木头，显然不是一个精确的数字。

勒·凡尔纳（Jules Gabriel Verne）的《海底两万里》。其中一个情节是，主角一行三人想要从鹦鹉螺号潜艇中逃出，以空气消耗量计算船上的人数，当计算出六百二十五人的结果时，三人都惊呆了。虽然我认为船上人员实际上可能仅有承载人数的一成左右，但还是被计算出的数字惊到了。

这样得出的近似值，终究不过是推测而已，都市的大小与规模依旧不清楚。都市有人居住才称之为都市。都市修建了威严的城墙，人们居住在城中。这一点既然无法否定，如果不明确都市的大小与规模，就难以准确地把握都市中发生的种种现象。

生活在都市的人们

像这样的中国都市，不仅难以计算内部人口的精确数值，也难以弄清谁才是都市真正的主宰者。

在中国的都市，官僚成了主宰者。官僚们作为统治天下的皇帝的代理，从都城前往地方。他们从隋以降选举制、宋以降科举制的选拔系统中崭露头角，被编入官僚体制中赴任施政。都市就是官僚的赴任地。

如前所述，中国的都市也是一座城堡。都市周围被高高的城墙包围，城中由官署控制。都市就是统治的据点。

但众所周知的是，都市不是仅由少数官僚统治的。官僚之下有军队，有称为胥吏的官署属员。此外，还有居住在城内的地主和商人、劳动者、流动人口。他们之中既有富裕者，也有迫于每日生计者。都市中充满了形形色色的人，都市因他们的活跃而充满生命力。

虽然他们并非都是举世知名的大人物，但从以他们的名字命名的地名也可看出他们在当地十分知名。

正如建康府之旅中，谈到侍其巷时所展现的一样，他们的力量出人意料的强大，毕竟在都市和地方上没有影响力者是无法在地名中留下名字的。

但是，以现有的史料和研究情况来说，像都市的经济状况和实际掌权者的情况都很难去衡量，原因就是之前说的无法充分把握都市的行政区域。当时的人们在编纂史料时并没有意识到这一点。不仅是都市人口，都市的管理人员和都市本身收缴的税额也无法统计。

这些都告诉了我们一个非常奇妙的事实——虽然由威严城墙构成的都市是实际存在的，但制度上的都市并不存在。这或许是我等持现代都市论者的单方面误解，但只要细心地去探索，仍有少许制度可以被我们了解、认同。都市城门开闭的管理者、提醒小心火烛的巡逻者、担任警察职务的民众，各种各样的工作都以都市、城门内的专门职业的形式出现。当然也有可以明确判断的职业，典型例子就是唐代的限定居住区"坊"的坊门开闭者。

但是，事实上，难以将这些职业都认定为都市的专属职业，因为也存在有些职业的工作范围涉及郊区的情况。换言之，将都市仅作为都市去把握，本身就很困难。但中国的都市的确是一个威严的存在，我们应抛弃刻板印象去接受中国都市的真实情况，去探寻它真实的面貌。

都市的形态

虽看来有些冗长,但中国都市的研究方法就言尽于此。下面就来探索中世都市的原型与形态吧。

首先是都市构造。中国都市有着复杂的性质。这源于中国自身的特点。中国北方是黄土大地,南方是水乡泽国,还有沙漠和有山区。因此,中国有着各种各样的都市形态,既有在边境与异族对峙的都市,也有物产丰富、生活舒适的都市。我们所要探访的宋代也是如此。

从现存的史料看,当时的都市内已经发生了结构性变化。城内既有文教区,又有商业区。许多研究者认为,像这样都市中各区域承担不同职能的情况,自唐代起就已经产生,可以说宋代所见的都市结构分化是自前代开始的。

但是,这种说法并不正确。都市自形成之初起,其内部结构上就是不同的,不可能是均一的。显而易见,即便是简单的都市结构,也是由几个不同的部分组合而成。都市就如同一个寄木细工①的多面体一般。

即便在古代社会也是同样的。若认为都市通常是时代的象征的话,也应当认为古代都市也相应地具备原始的结构。

即使在古代都市,贵族居住区和平民居住区的分化、"场"性质作坊的手工业集中区域都可以看到。这并非什么不可思议之事。

无论是古代、中世,还是近代,都市中居住区域的分化和功能

---

① 译者注:寄木细工为日本箱根地区的传统工艺品,其特点是运用木材的天然色泽拼接成几何图形。

差异，可以说是理所当然的事。重要的是，能否在这样的构造和都市功能的形态上看到其时代特色。还有一点，正因都市将一切事物都集中起来，才成为一个产生多样变化的场所。

总之，都市是激烈动荡的新发展产生的场所，一个可以反映时代同时又超越时代的场所。因此，必须要穿透表面现象的迷惑去理解都市。

临淄

以战国时代的齐国都城临淄为例。战国时代的齐国位于现在的山东，是以鱼盐之利兴盛的国家。国力强大的国家首都自然繁荣，临淄也是如此。

一般认为春秋时期的都市中，即使大型都市也少有超过 1000 户的。从都市的发展和扩张角度看，当时的都市尚处于原始时代。

但一进入战国时代，万户以上规模的城市开始出现。社会和经济的发展虽是原因之一，但天下逐渐走向统一，大国的出现也是重要原因。随着大国的出现，巨大的都市也出现了。燕国的下都、赵国的邯郸等都是当时的代表性都市。临淄是其中尤为出众的大型都市。

著名的《战国策》记载了当时陷入权谋旋涡中的政治形势。大国谋划着将时代引入统一，身处其中的策士以自身才智为武器，四处活动。这本非常有趣的书中记载了当时都市的模样。

《战国策》记述了策士苏秦、张仪二人的活动。齐国西方的秦国日益强盛，苏秦向齐国游说合纵之策，认为秦以外的赵、燕、魏、韩、齐、楚六国应当联合。张仪主张连横之策，他认为秦国的强盛已不可阻挡，其他六国应当与秦国合作以保全自己。

向齐王游说合纵之策的苏秦，描述了临淄的富强和繁荣。虽然存在一些夸张之处，但临淄的富强还是令人震惊。

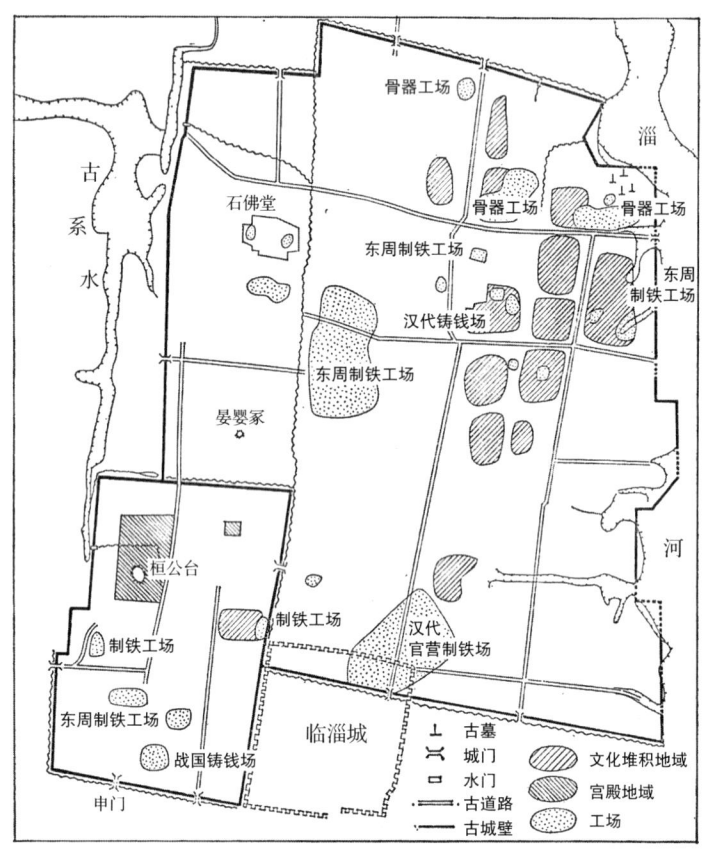

齐国故都临淄钻探实测图

（据《文物》1972年第5期绘制。反映出战国时代的都市也存在结构分化）

二 前往中世都市

据苏秦所说："临淄之中七万户，臣窃度之，下户三男子，三七二十一万。"以此推测，如果再加上老人、女性、儿童，临淄最少有五十万人。不得不说，当时的都市人口数量庞大得惊人。这一都市人口数字即便放到宋代，甚至是现代，都是一座大都市。可见中国都市的规模异常庞大。

不仅如此，《战国策》记载，临淄街道上车水马龙，人山人海，拥挤不前。人们举袂成幕，挥汗成雨，其景况就如现在除夕日的市场风景。虽然存在夸张，但是亦可追忆当时的盛况。

此外，临淄的都市设施齐备。从临淄的想象复原图中可见，既有宫殿集中的高级住宅街，也有工场地带。可以看到笔直延伸的街道，沟渠似乎是起到了下水道的作用。不难想象，临淄就像美索不达米亚的乌尔（Ur）、印度的摩亨佐－达罗（Mohenjo-Daro）等都市一般，具备完善的都市基础设施。

除此之外，临淄这座都市还有学府。齐宣王时，从各国招来的学者、思想家被安置于临淄的城门稷门旁，创立了一所大型学院——"稷下学宫"。其繁荣时期大致在公元前357—前284年的70年间。学者、思想家们的居住区形成了高级住宅街。忘我于自由的学术讨论的学者之中，据说有孟子、荀子等人。

总之，即便在往往被认为结构原始的古代都市，也有繁华街道和高级住宅街，及以学院为中心形成的文教区。但是，这样如梦幻泡影般的世界已化为尘土，仅凭考古现场的发现，有很多无法充分确认的地方。但也不是完全无法弄清楚，请大家看一下想象复原图。如前所述，从中可以确定工场遗迹和宫殿遗迹的存在，证明了古代都市也分化出了与其时代相符的都市结构与功能。

都市的设计理论

从都市的设计理论看亦是如此。从《墨子》和《周礼》中可以看到古代都市有着各自的独特设计理论。正如渡边卓所说，墨家倾向建设在战乱中易于防守的都市，儒者主张的则是王城的建设方案。虽然儒家经典《周礼》中的设计理论存在很多问题，但自那波利贞以来对于首都的都市设计的解读都参考了这本书。

《周礼》所描述的是理想的王城建设方案，出自《周礼·冬官》的《考工记》中有着详细的叙述，概括来说合格的王城设计应如下所述。

王城应是边长九里的正方形，各边上以等距离设置三座门，对应的门之间各设直线道路来进行连接。王城内部被等分为九个部分，正中间是宫殿，面朝南方。宫殿左边（东侧）设置宗庙，右边（西侧）设置社稷。宫殿后为市场，左右两侧为居民区。

《周礼》一书的出处和流传存在很多疑点。但无法忽视的是，儒教以汉武帝独尊儒学为分水岭，在中国近2000年的历史中，都是占据统治地位的学说。《周礼》的成书虽然在西汉武帝之后，但作为统治天下的帝国在都市设计方面的理论教科书，依然为人们所熟读。

但是，完全符合《周礼》当中规定的首都是不存在的。有某处相符地方的同时，又会存在不符合的地方。这个问题一直困扰着研究者。如何将我们认知中的都市和设计理论相整合去进行解释呢？许多的讨论就此展开。

在这里，我们暂且不深入讨论，重点在于这个设计理论并非单指理想都市应有的形态，它还涉及了都市结构。对宫殿的位置、宗庙和社稷的位置，乃至民众居住地和市场都做了明确规定。因此，这一理论并非是想达成都城结构内部的均一化，而是为了实现维持王朝统治的理想，强调区域分化和功都分化的都市结构。

但是，现实中没有都城是完全遵守该理论的。尽管在结构和形态上遵循了相关理论，但时代不一，都市的特色也各不相同。时移世易，当时代发展日趋复杂，这样简单的都市设计理论就不再适用了。

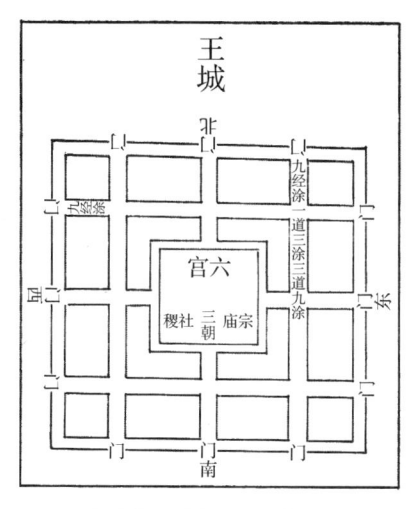

王城（戴震《考工记图》所收）

长安

例如唐代的长安。这座以华丽闻名的帝国首都，从城市复原图中可轻易看出其与《周礼》的规定大相背离。长安整体接近于横向

033

的长方形，宫城与皇城的位置偏北。这与宫城应该设在正方形都城正中央的理论相左。

还有其他许多不同之处，例如门的数量与市场位置。但是，长安仍然是一座宏伟的中国都城，是与天象对应，作为大地的中心而建成的帝都。因此，可以将其视作唐代理想的都市设计和方案的产物。

那么，长安的结构是怎样的呢？长安整齐划一的结构给人以形态均一的错觉，但那是错误的。宫殿周围和环境优美地带，居住的是有权有势的皇族、贵族与高级官僚。他们不仅是王朝的统治者，也是都市的支配者。这表明长安的都市结构也是与时代的状况相符的。

众所周知，长安原为隋代的大兴城，大兴城最初的设计理念就是结构整齐划一。大兴城的面貌有很多的想象复原图。但是，通过深入研究地图与史料便可知，长安与设计之初的方案相比，已经产生了相当大的变化。长安的东北位置建起了宫殿，东侧春明门旁的区划废弃了原有的计划，建起了兴庆宫。这些都是原方案中不存在的。作为王朝统治者的皇族、贵族为了使自己居住得更为舒适，改变了原有的理想设计。其结果便是，我们想象中的、故事描绘中的华丽长安诞生了。

妹尾达彦通过对唐代小说的研究，解析了长安的结构，展现了它的真实情况。据他的研究，本应是祈求帝国的理想和久远而进行的都城设计和管理，早已失去原本的结构与形态。

宫廷和宫殿位于长安的东侧，偏东北。平民的居住区集中在西部。西部还有许多从西方来的旅人，因此他们信仰的宗教的寺院也

二　前往中世都市

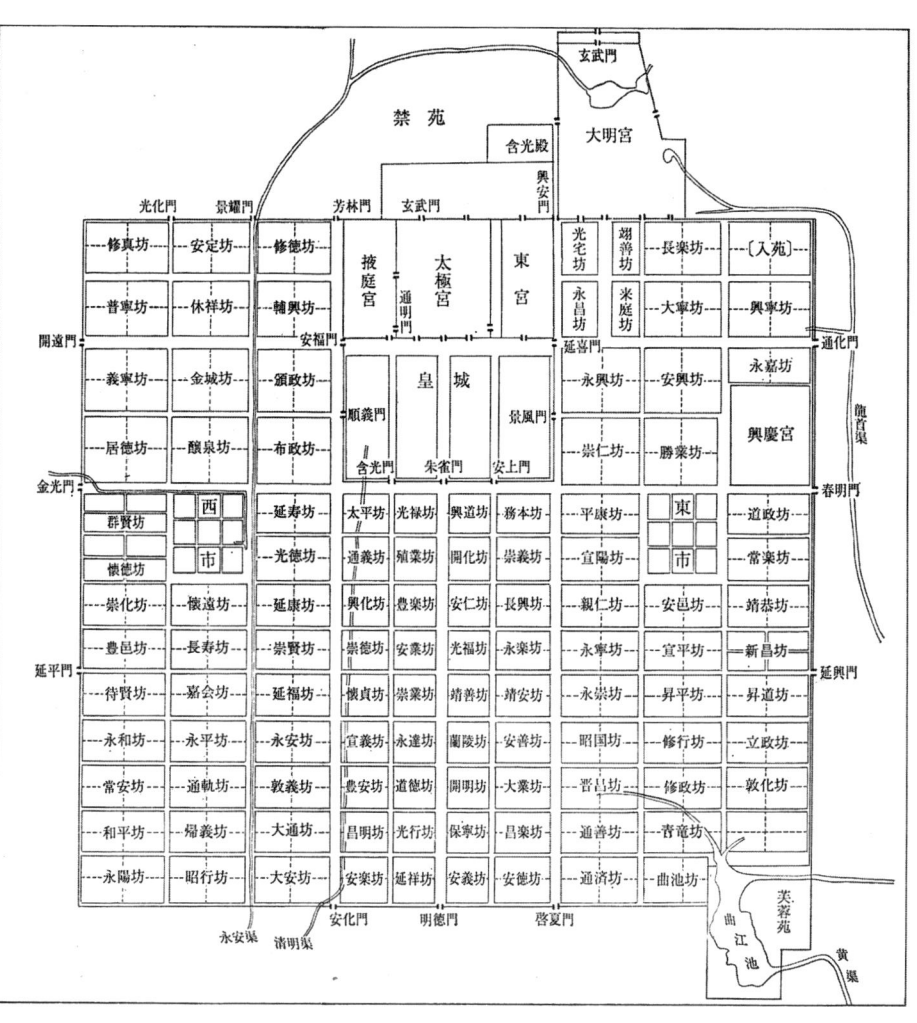

长安复原图
（《中国古代建筑史》所收）

集中在西部。宫殿和官署位于东部，贵族、高级官僚的住宅集中在此。与平民居住地带相邻的是农田与荒地。相较之下，贵族们的居住区附近则是宫殿与园林。结构和形态的变革，破坏了帝都原本的设计，形成了有利于贵族们的新形态，贵族们随心所欲地享受着都市生活。

新变化的产生

但是，宋代以后，随着平民阶层的抬头和平民文化的发展，唐代贵族的做法不再被允许。唐宋之变正是因为传统贵族制度的崩坏，进而，贵族们被迫放松对都市的统治，城内的规制因此松动，过去被限定的商业区变得随处可见。这样一来，都市也随着时代而变化，服务于新时代的统治者。

这种变化的结果和新时代的特色，从地名的变化中就可以看出。因为地名是都市的标志，反映出时代与地域的性格。就像是日本的城下町①有自己的地名一样，古代平安京与镰仓等地，地名系统是截然不同的。

在中国，唐代的都市地名也与其贵族时代相符，是尽显王朝气象的风雅之名。典型例子就是长安城内的110个坊名。"崇仁坊""太平坊""永嘉坊"等等，满是蕴含吉祥寓意的名称。

宫殿名、大街名也都进行了美化。宫殿名为大明宫，将长安分为东西两部分的主干道名为天街（朱雀街）。城门亦有"金光门""春

---

① 译者注：日语中城下町（じょうかまち）是指以统治某地的领主居城为中心，发展形成的城邑，也是武士和工商业者汇聚的区域。

明门"等，都意在祈愿帝都繁荣。整个都市里满是吉祥祝贺的名字，在长安这个流光溢彩的都市中遍布着瑞兆。这也许反映着统治者内心深处如祈愿般的期待，愿帝都永远繁荣。

对帝国的关心自然也被倾注进了都市结构和体系之中。放眼望去，层层叠瓦的天子宫殿位于北方，天子于那里君临万民。其周围被官僚和贵族们的宅邸包围，共同构成了壮丽的景观。城内纵横交错延伸的大街，在皇城周围的路面更为宽广。横贯都市正中的天街（朱雀街）格外宽敞，限制平民通行，两旁有槐树装点。为使长安的祥瑞之气不泄，周围的坊在南北方位上都未设门。城内北面还有比拟《易》中乾卦的山丘，形如☰，名六坡。长安城中充斥着被精心设计出的皇帝与贵族们所期待的瑞兆。

但进入宋代，变化就发生了。都市居民中平民的力量增强，都市的政治色彩和军事色彩逐渐减弱，商业性开始凸显，这一变化影响到城内的方方面面，特别是在城内的名称与地名上。力量壮大的平民不再使用被强加的名称与地名。当地若有大的店铺和名人住宅的话，人们就将其用于土地和区域的命名。建康府的侍其巷就是很好的例子。

除此之外，还能举出很多例子。科举第一名所居的是状元坊，状元即指科举高中第一者。因为坐落着大酒楼潘楼，所以就叫潘楼街。就连开封的城门也以俗名称呼。真可谓全方位展现了平民力量的发展。

其中，反映土地功能和形态的地名也开始登场，例如工匠街和商人街。这在日本也很常见，是体现封建社会身份制度的地名。

但是，仅凭这种变化，是无法正确地把握一个都市的。失去力量的都市会被人们抛弃，不再留下记录。就连繁华无比的长安，在唐王朝崩溃后，也一下子衰落为数万人口的都市，就此萧索。

都市崩溃的情形虽难以把握，但还是可以从其他都市中推测出许多事情。就让我们来看看都市崩溃的状况吧。

新都市的诞生

从陆游的记载看，宋代都市景观比我们想象的要井然有序得多。一般平民的住宅依然狭小，都市中也存在着贫民街，这在任何时代都是相同的。如今，虽然二层、三层的居民住宅多了起来，但平民的家也并不宽敞。

进入宋代，宫殿和官署、寺院的公共性很强，正因此，此类大型建筑开始被建造，都市景观更为完善。

正如前述，宋代的都市诞生于从唐至宋的动乱与变动之中。唐至宋的变化是近代中国形成研究方面的重要内容，都市的变化也是反映其变革的重要部分。动乱时期终结之时，都市面貌随之大变，平民跃升为都市的主角。这样的都市又是如何形成的呢？我想要观察历史的洪流，窥探中世都市的形成过程与景观。

在中国，都市的外围竖立着城墙。正是有了城墙，方才是都市，是国家。中国人就连国家都是被城墙——万里长城围绕。

中国的都市为巨大的城墙所围绕，这是从古代流传下来的筑城方法。甚至有观点认为，古代中国都市可以用汉字"國"来概括。"或"这个字是用"戈"来覆盖"口"和"一"构成的汉字，引申为手握武器来守护人民与土地的形象。这样看来，"或"字就具有国家的含义。因为靠武器来守护人民和土地，就会怀有戒备心。"或"也就有了或者之意，加上"心"之后，就是"惑"了。"或"中间的"口"也有说法认为相当于希腊卫城一般。如此一来，用大"囗"包围"或"，也就反映出了城市外郭的存在，真是相当有趣的文字解析。

汉字争论暂且不谈，有史以来，中国都市一直被巨大的城墙包围。现如今，在郑州还有殷商留下的巨大城墙。城墙也随着时代不同，发生着巨大变化。随时代推移，城墙也呈现出比以前更加完善的面貌。

比如唐代的长安。与其世界帝国国都的身份相符，长安是作为形态更为整齐的城墙都市出现的。但是，长安的城墙并不是十分完善，高大而威严的外城实际上并非覆盖着砖块。版筑法本是将土与泥夯实，表面再以大砖块固定，但长安却并未如此，任由泥墙暴露在外。

原因之一就是所需费用极为庞大。斯波义信搜集史料，计算出了宋代的平均筑城费用。他推测筑造周长十里以内（约5.5千米），高三丈（约9米）的城墙，费用在十几万至几十万贯左右，所需劳力总计一百万人。这是一笔非常庞大的投入。

南宋末，以观光地知名的桂州，城墙屡次修理。如前所述，桂州地图留刻在岩壁上，费用及其他内容也一并雕刻了上去。桂州城墙的修理费用巨大，不仅耗费大量的人力、石料、木材、砖瓦、石灰等，米和盐的消耗量也相当高。城墙建设可谓是一项大工程。

钱的价值

修建城墙所需的钱数究竟有多少呢？这里要对钱的价值稍作探究。宋代主要的流通货币是铜钱。虽然也使用金、银，但一般平民使用的是铜钱。一枚铜钱为一钱，即一文，一千枚铜钱为一贯。一千枚铜钱由绳穿捆在一起，因此也称为一缗。宋代绘画中，有不少描绘人们拿着钱串的画面。

此外，还存在称为例行短陌的习惯，都市中不同行业用的是各自的利率，实际换算相当麻烦。所谓例行短陌，即指同样的钱，其换算利率因店铺而异。即通常 100 文即 100 枚铜钱，而实际上的做法是：以少于 100 枚的铜钱作为 100 文。且这并非是民间擅自进行的，而是由政府施行的。官方的利率是钱 77 文作 100 文。比如成寻在绍兴以钱 400 文买米 5 斗，以官方利率换算，实际支付的钱为 308 文。这就是例行短陌。如果仅是如此，还是简单的。实际上，由于行业的不同，短陌行情也各异。《东京梦华录》中介绍了北宋开封的利率："街市通用七十五，鱼、肉、菜七十二陌，金银七十四，珠珍、雇婢妮、买虫蚁六十八，文字①五十六陌。""文字"价格低下，似有所暗示。但每种利率在交易中都是作为 100 文使用。

---

① 译者注：此处引文中"文字"在日语原文中写成"本屋"，书店之意。《东京梦华录》原文为"文字"二字。伊永文《东京梦华录笺注》认为，京都译注本《东京梦华录》将"文字"认定为"文字铺"省略，作"书籍店"的解释不妥。"文字"二字于宋较为宽泛。此处"文字五十六陌"则为都城以"文字"为商品买卖者。详见伊永文《东京梦华录笺注》，中华书局，2006 年版，第 336—338 页。

二 前往中世都市

背钱图［《白沙宋墓》（1975年）所收］

老实说，这超出了我的理解。每日带着些许铜钱生活的开封市民，为了有效地使用手头的钱，需要一边购物一边进行利率换算。如果这是日常生活所必需的，我在宋代都市是难以生存下去的。

买300文的食品，再在文字店消费400文，共计是700文。但是实际上食品费用为216文，书本费用为224文，共计440文。这样就会产生消费膨胀。即使稍稍购物一下，就会花费上近千枚铜钱。但是，这是笔者个人的物价感受，与宋代的情况稍有不符。实际上，宋代时若有20文，就能在回家路上小酌一杯。

但还是必须带上一二百枚铜钱出门，实在是辛苦。即便一枚铜钱可当作数枚，依旧要携带相当数量的铜钱。且随着时代下移，铜钱的质量变差，也影响到了铜钱的价值。宋代人拿着沉重的铜钱，在复杂的利率换算下生活。在商业发展中，为了消除这样的不便，纸币很快就登场了。

官僚的俸禄

关于官僚的俸禄问题,衣川强进行了详细研究。据其研究,宋代官员需负担的家口众多。简单思考一下,仅父母、妻子、儿女的家庭结构,一家就有7—8人。再加上未成年的兄弟和亲戚,轻易就超过了10人。

此外,官僚的生活中有着许多的亲故。比如,以亲缘关系投靠过来的同族和同乡,甚至弟子、乳母、家庭教师以及男女仆佣等,一些官僚还有妾室。官僚在宋代是最上层的阶级,许多的人因此前来投靠,往往形成数十人的家庭规模。

著名的苏东坡就是与20余名家人一同生活。王安石也要负担数十口人。陆游也养着10余口人。

家口数十人显得笼统模糊,那么就以一家20人来计算下生活费。在北宋,一家20口人一个月的伙食费为6贯左右,这仅是买米的花销,若加上肉、鱼、蔬菜等副食品,30人就要15贯左右,且这还是最低的生活标准。以王安石为例,他在地方任知县时,包括各种津贴在内,可推算其月俸为30贯,那么他的恩格尔系数就是50%,即俸禄的大半被伙食费卷走了。

官僚的生活费当然是不够的。即便是最下层的士大夫,每月也需要100贯左右,可以推测一下他们生活的实际情况。擅长书法的名人还可以通过润笔费赚钱,但无名且不擅书的官僚就行不通了,仿佛都能听到他们叹息俸禄微薄的怨言。

顺带大致描述下当时的富翁们吧。据记载,当时渭州一绢商的年纳税额有70万贯,淮南一商人在行旅中遗失的纸币达数十万贯。

这些简直是天文数字，岂止是城墙，连都市都可以独立建成。

接下来我想回过去讨论一下筑城的费用。假设筑城费用为15万贯，就相当于5000个王安石这个知县级别的官僚月俸，其背后是约10万人生活所需之费。虽然这样简单地换算和比较并不能完全符合实际，但筑城所费巨大却是事实。

物价当然也不能简单地比较。当时与今日的物价换算是不同的。人工费极度低廉的当时，与人工费显著高涨的现今迥然相异。过去的建筑样式也不同于今日。因此，仅就这些实在难以计算物价。

附带一说，任何时代，这样的工程都会成为特权追逐的对象。据南宋人刘克庄记载，饶州胥吏将修城费3万贯置换为米，进而谎

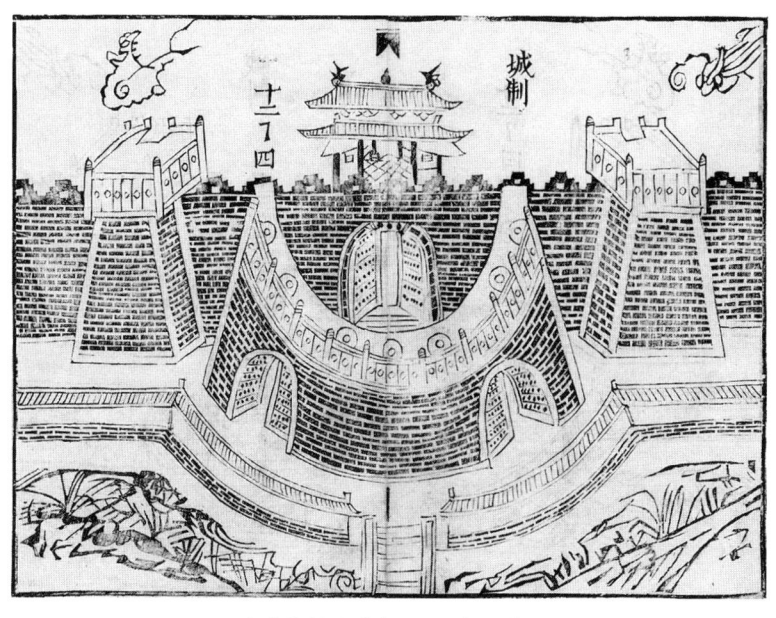

宋代城制（《武经总要》所收）

称米都羽化不存，就此侵吞。最后，他被揭发以盗用的公款购买官府差遣入仕，积蓄了大量财富。[①] 这些群聚于公共事业，蠢蠢欲动、意图从中牟利者的面目可见一斑。

元朝首都大都（今北京）的城墙最后也只是夯土城墙。陈高华指出，为了防止雨水侵蚀夯土城墙，需要在其上覆盖芦苇。为此，元大都成立了专门的采割芦苇部队。

这一状况在元之后的明代也基本未发生变化。堆筑城墙，并且在其上覆盖厚厚的砖石，这样修筑的北京城墙花费了相当长的时间。

相较之下，江南都市相当早就筑成了城墙。杭州如此，苏州亦如此。以苏州为例，周长40里的城墙都以砖覆盖，并非仅是为了应对格外湿润的气候。这正反映出都市建设的技术水平之高与都市经济基础的稳固。可以说，苏州证明了自身是一个值得被保护的都市。

城墙形态

关于当时的城墙，我想要说上几句。当时的城墙不仅是建筑物，同时也是都市的防御设施，建筑技术相当高超。城墙设有巨大的城门，其上还有巨型望楼。女墙排列其上，马面突出于城墙。马面是一种设立在城墙上的防御设施，以等距离间隔排列，在城墙上以矩形突出，当敌人进入两马面之间时，就可以对其进行夹击。城墙高耸入云，看上去庄严宏伟。

也有人突发奇想，对城墙进行装饰。五代十国时期，四川后蜀

---

① 译者注：见刘克庄《后村先生大全集》卷一九三《饶州州院申勘南康卫军前都吏樊铨冒受爵命事》。

的君主孟昶在高高耸立的城墙上种植芙蓉，造就了与成都雅名"锦官城"相得益彰的景色。这样的尝试仅历时一年。但是，在巨大的成都城墙上铺土，种植芙蓉花的创意到底是如何想出来的？时至今日，还可以想象到，当天空出现巨大的芙蓉花环时，人们抬头仰望的惊讶之情。孟昶到底是出于什么想法，想要制造出一座上空有着25里长（约14千米）花环的天空之城，实在令人惊叹。

四川省保留了部分唐代文化，起到了承上启下的作用。后蜀宫廷中还有大胆讴歌女性隐秘性爱的花蕊夫人。从她身上我们似乎可以感受到某种独特的审美意识。

《宋平江图》则描绘了苏州城的情况。城市内部被坚固的城墙所保护，汇聚了当时最先进的设施。宋代都市的特色风貌被《宋平江图》记录下来，并留存至今。

三　城郭内的变化

唐代的城内

以凛凛威仪自傲的宋代都市，其城市内部究竟是怎样一番景象呢？这里必须注意都市的内部变化也带着宋代新的时代特征，即作为城内区划的街道与坊墙的问题。

在唐代，街道以直线布置，由此划分出的方形区域称为坊。这不单是都市建筑，"坊"通"防御"的"防"之意，还有着监视城内和维持治安的深刻意味。

坊的周围以土墙包围，即坊墙。唐代都市中，别说是宫殿，就连寺院和商店之类都被封闭在墙内。特别是坊，是封闭性极高的居住区。坊的东西南北面各自开设坊门，原则上人们由此进出。只有皇族、贵族这类势要或寺院才能面向附近的大街设门。也就是说，临街设门是精英的特权。

坊门的管理者称为坊正，负责早晚击鼓三百下，这种被称为"鼕鼕鼓"或"街鼓"的鼓声是坊门开闭的信号。坊门开闭有时间规定，夜间不得外出。夜间非紧急病人等特殊情况，人是无法出坊的。人们只能在统治者规定的时间内在城中漫游。

人们无法随意外出前往他坊。如果要在下午出门，去离自己所居坊稍远的地方，就必须做好在外留宿的准备。若在归程中发觉时辰已晚，就必须要注意了。日暮道远，一旦街鼓声响，必须立刻跑进附近的坊中。如果在坊拐角处听到街鼓声，就要在数百米内全力快跑回坊内。这样一来，或许连酒都不能随便喝。

坊的规模巨大。根据实测，长安的坊最小者，东西为550—700米，南北为500—590米。大者，东西为1020—1125米，南北为660—838

三　城郭内的变化

米，是面积庞大的居住区。

正是这些居住区组成了长安城。坊中包含了寺院、市场、平民住宅，所有的一切都在其中。

坊内部被划分为东西南北四个区。这四个区内部又逐一进一步划分为四个区。整个坊被划分为十六个区。特别大型的建筑虽不适合这些区划，但安置平民的房屋则绰绰有余。各个小区域内，平民的房屋鳞次栉比。

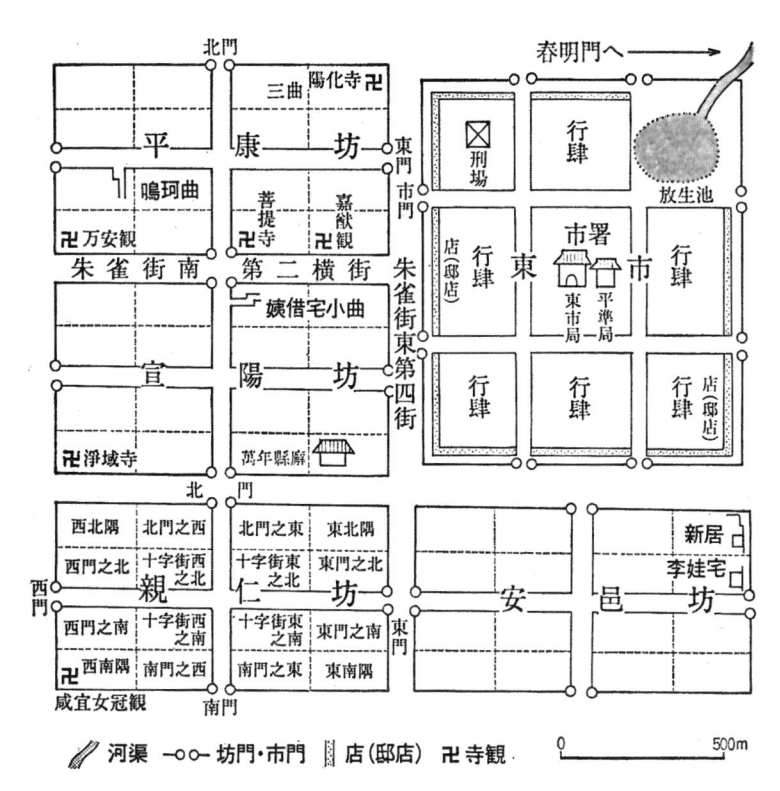

长安都市空间

［出处：妹尾达彦《唐代後半期の長安と伝奇小説》（《唐代后期的长安与传奇小说》）］

长安的景观

这样的长安城,在视觉上创造出了与现在的都市截然不同的景观。立于大街之上,所见皆是墙壁。

可惜的是无法获知这些墙壁的高度。据说墙基就有2.5—3.5米,因此这些墙应该并不矮。大家可以想象一下这种情景,好比是漫步在日本乡间古老的住宅区内,屋舍被高高的土墙围绕,连内部的存在都无法感知。

这进一步说明,坊墙的存在对于都市景观有不小的影响。暂且不提巨型建筑,一般平民的小房子连屋顶都看不到。别说是平民家中的氛围,就连坊内的氛围都无从知晓。

远道而来的日本旅行者站在长安大街上所见的又是怎样一番光景呢?打个比方,请大家想想奈良平成京的立体想象复原图。都城内遍布四通八达的笔直街道,街道周围是绵延不断的坊墙。站在都城的大街上,是无法快速融入当地人熙熙攘攘的日常生活中去的。只有进入坊内才有可能。

当然,都城的大街肯定是人来人往,热闹非凡,可以看到许多华丽的队伍。通过的不仅有宫廷的队伍,皇族、贵族的队伍,还有外国使者,银鞍白马横行的贵公子,杨贵妃一族前往华清池时的绚丽队伍,杨国忠姊妹的五家合队[①]。

都城大街上也可以看到悲惨的景象。新任宰相进入宫殿时,所行道路上铺着从黄河运来的白沙。轭陷入运沙牛的脖颈间,滴下点

---

① 译者注:原文仅用"五家合队"一词。《旧唐书》载唐玄宗每幸华清宫,杨国忠姊妹五家扈从,每家为一队,着一色衣服,称为"五家合队"。

点赤血。

除了牛，平民也频繁往来于此。一些小说和其他文献讲述了一些平民因饥寒毙命于道路。高门大户中洋溢着欢乐，门外则是饿毙的百姓。唐玄宗与杨贵妃的穷奢极侈建立在众多平民的莫大牺牲之上，这便是历史所展示出的事实。

虽然长安大街上可以看到如此多的景象，但在这样的大街上，由于受到坊墙的阻挡，绝无法窥见平民的生活景象。即使能远眺到宫殿和寺庙的屋顶，但身处于巨大都市之中，只有接近该建筑方才知晓其真面目。由于被宽阔且长的道路和坊壁所阻隔，再金碧辉煌的屋顶，远远看去也只有模糊一片而已。石田干之助《長安の春》（《长安之春》）中写道，景观受场所的限制（如道路或坊墙），并不能被视作城内寻常可见的风景。砺波护也指出了这一点。

简单介绍下坊内。小居住区内密布着平民的住宅，道路狭窄，错综复杂。最小的路称为"曲"，恐怕就是曲折小道。路上时见小贩叫卖。这便是平民的生活情景。人们被强行塞入不自由的生活中。

景观的变化

但是，随着唐朝的统治力日渐衰弱，对都市的限制力量也在衰退，这样的都市景观开始发生巨大的变化。坊制崩溃，人们开始突破坊墙进行活动。

唐代以后，经济的显著发展当然也是很大的原因之一。要求扩张的经济对人为制造的壁垒产生了嫌恶。经济发展希望打破限制，为城市的变革吹入强劲的风。其结果就是坊壁逐渐失去了存在的意义。坊墙即便损坏，也得不到修缮。别说是修缮，甚至还出现了坊墙的积极破坏者。遵循经济这个魔物的意愿，人们失去了修缮坊墙的热情。

如此一来，过去对居住区的限制失去了意义，也意味着旧时期的都市景观的消失。不仅如此，因为即使是夜间，人们也可以外出，夜晚由此变得明亮起来。人们可以到处走动，借此机会，商业也就随之发展。坊墙的消失将人们从所有的限制中解放出来。过去"市"制度规定只能在东西两侧设置市场，日常购物依赖东、西市中商贩的人们，如今也可以在附近开设的店铺中享受购物的乐趣。人们的生活变得开放起来。

还有一点，从围墙中解放出来的人们的生活空间变得可以任人随意造访，因此，能够最大限度地去窥视人们的日常生活。

穿过岔道抄近路，钻入层层深入的道路中。人们的往来变得更加频繁。这样一来，都市景观为之一变。

中世都市诞生了新的景观：巨大的城墙包围着都市，穿过宏伟的城门就进入城中。城门有水、陆两种。目前为止，基本与之前的时代没有发生变化。

但城内却完全改变。进入城中，坊墙已经消失。站在街上，目光所及皆是坊墙的扫兴景色已不存在。家家户户临街排布，大路旁是小巷。从大路到小巷，所见都是坊墙消失后的风景。但是牌坊上还留着附近地名的标识，这又是中世都市的空间特征了。

路上摊位林立，小商贩上街叫卖。街角有卖艺者表演，围观者中也会有只看不掏钱的人。街道的悸动开始得也很早。无论是一早上工或早上归家的人，还是夜深归家的人，都有为他们服务的摊子。

三　城郭内的变化

还有载着大包货物、拉车奔跑的人，路上所见一片热闹光景。

过去，被硬塞入坊内逼仄空间中无法外出的平民，就此如爆炸般在大街上涌现了出来。

这些景象在《清明上河图》中都有详细的描绘。《东京梦华录》与《梦粱录》等都市记录中亦有记载，仿佛能看到都市风俗变得活泼，人们迈着轻快的步伐。

街道的变化

但并非一切都是向好发展的。如前文介绍，坊制崩坏引起了街道状态的变化。自由的反面就是出现了随意使用街道者。这种行为分为两类，即街道的随意使用和侵占。二者也容易结合在一起。有的人挖掘道路泥土为自家所用，有的人让住宅侵占道路。还有的人在道路上陈列商品，做起了买卖。结果就是街道的私有化和侵占。

这些情况即所谓道路侵占，并非中国独有的现象，在西欧和日本都可以见到。今天的威尼斯也是如此。商店前陈列着许多商品，广告牌张挂而出的景象不是很常见吗？其实这些都是对公共道路的随意私用。行政当局对都市的支配权力衰退的话，这些行为极可能立刻变成既定事实。

在权力弱化与混乱加深的社会中，土地的公有权和所有权等被轻易无视，只有无耻之人在肆意妄为。就连道路规定严格的今日，随意使用道路的人不也是很多吗？

但厚颜无耻者在任何时代都不会在意这些事。宋代史料中留有这样的记载，店主明知自己的店侵占街道，却仍在厚颜无耻地主张自身的权利。

现在有一点不明的是,这样的街道侵占发展到了何种程度。围绕商业权利进行的街道侵占,可能也波及到住宅土地。但是,街道侵占就如此顺利地进行了吗?

街道带有沟渠,如此一来,就很难随意侵占街道,侵占会造成居住环境的破坏。此外,随意侵占街道,很可能造成自古以来的直线型街道的消失。但令人意外的是,从日本由古至今的都市街道状况可知,有许多直线型街道都留存至现代。当然,这并不意味着保存状态完好。许多原本宽阔的道路,现在变得十分狭窄,其中还有一些变得弯弯曲曲,早已不见当初的模样。

但是,我们之所以能断言古代街道为直线型,是因为其基本路线一直留存至今。这样的留存形态说明街道侵占现象是在某一时期集中爆发的,也就是说这是一场有计划的行为。换言之,有计划的都市改革如果存在,就必须承认在当时还存在强大的反统治势力。

但是,衰退且混乱的都市中,能够引发这样变革的力量存在吗?

应该承认的是,一部分街道形态的变更是由公权力主导的。以位于绍兴的鲁迅故居为例。作为一位伟人的故居,其门前有沟渠,有宽广的道路。与过去的地图对比可知,这是新的道路。也就是说,是为了迎接更多游客修建的道路。像这样的改变,即便公权力处于衰退期,应该也是能进行的。

话虽如此,很难想象在当时会出现强制地大规模改造街道的现象,鲁迅故居前的道路也是非常不自然的。因此,视道路变化通常是民众各自随意侵占所引起的更为妥当。也许真相就是这样的吧。如此一来,被侵占的街道最终变得弯弯曲曲。也就是说,对街道的

三　城郭内的变化

侵占行为遍布整个街道。

但是，这也有令人难以置信之处。毕竟相当一部分直线街道保留了下来，如果是肆无忌惮地侵占街道，各行其是的话，都市形态的变化就会更为彻底。大路四通八达的古代风景消失，笔直的道路变得扭曲，坑洼不平。再结合生活区域内的小道，迷宫一样的都市就出现了。但是，笔者认为古代都市的街道还没有被破坏到如此地步。

虽然进行了诸种推测，但是实际的街道侵占情况，我们一无所知。因此，对于街道侵占是如何进行的，还难以做出判断。都市的变化就是如此难以把握。这里还有一个问题：假设街道侵占发生在各平民居住区，很可能会引起严重的土地纠纷，即因个人住宅过于狭窄引发围绕土地的争斗。诸种问题纠缠，可能会引发更严重的问题。

总而言之，我在思考这样一个问题——都市街道一旦定型后，是否会轻易改变？至少街道的基本路线没有变化。即使是如今处于激烈变化中的东京，仔细寻找的话，还能发现保存完好的古老街道。如今可以驱动机械，瞬间改变都市形态，但这在过去是不可能的。在保留古代都市基本路线的前提下，其变化的过程还必须进一步深入考察。

考虑到古代都市中留下的直线街道，以及残存的条里制[①]等，至少可以认为，街道侵占并不是以破坏基本路线的形式进行的。那

---

① 译者注：条里制为日本古代土地区划制度。将6町（约654米）见方的区划为里，东西相接的里的区划称为条。里还可以进一步划分成1町见方的区划，称为坪。

么,街道侵占又是如何进行的呢?在人们蚕食街道、争夺土地的背景下,直线的大街因何得以保留?这对我而言是个未解之谜。

虽然留下了如此大的问题,但街道侵占是在坊制崩溃和宵禁弛废相互作用下的产物,给城市带来了巨大变化。此后的都市管理者们与街道侵占现象之间展开了反复斗争。

地名与街区的变化

坊制的崩溃,并不单单改变了街道的形态与都市景观,其影响波及方方面面。坊周围一带的结构发生了变化,地名也改变了。中世都市的变化过程令人无法移开视线。

坊制崩溃,统治广大地域的坊发生质变,当然会引起该地域名称的变化。坊中若有某条道路被经常使用的话,该道路就会被冠以坊名。

"今天从哪走过去?"

"从某坊过去很近,从那边走吧。"

或者:

"今天从哪走过去?"

"从某坊旁边过去很近,走某坊旁边的路吧。"

这样的对话不断上演,某坊的名称最终成为了街道的名称,不止如此,还可能成为邻近该坊街道的名称。

比如从当时地图《宋平江图》来看,图中街道上有写着街区名称的标志——"坊表"。关于这一点,在后文讨论苏州城时会继续深入。通过地图就会发现,有各种各样带着坊表的街道。无论是大

三　城郭内的变化

街还是小道，不尽相同，不过大部分都是繁华的街道。人流越大，住宅越多，街道越错综复杂，也就更需要标志。坊表就反映着这样的都市景观的变化与实际情况。

当然，不仅仅有这些简单的例子。坊制崩溃也会产生这样的情况：某个完整统一的区域崩解，其中一部分与相邻的坊合并，形成新的街区。坊名也不再仅取材于当地，而是有可能会使用其他都市的地名。可以想见二者之中，发展更为繁盛的一方的地名会占据优势。

类似的情况有很多。比如在不同的区域，会使用相同的坊名，就像日本的"某某银座街"[①]一样。随着地域的发展，当地的都市构造逐渐变得复杂化，随之也会出现新的地名。

考察的线索就是要对街区标志坊表进行解读。宋代都市地图中记载的坊表样子并不一致。有树于大街的坊表，也有树于小道的坊表；有写着旧名的坊表，也有写着新名的坊表，各式各样。这如实地反映了街道和居住地的模样变化。

这个变化的过程，必须要循着时代去把握，需要进行详细的现场调查。总之，都市中正在发生着的各种变化，都会反映在地图中。

不仅是街道的状态，如前所述，地名等也表现出了变化。街区的名称、桥梁的名称，所有的地方都在发生变化。把拗口的名称换成顺口的，把不祥的名称换成吉利的。这些变化都与都市的各种状况变化密切相关，逐渐扩散开来。

为什么会发生这样的事呢？从唐至宋的时代推移中，都市的统

---

① 译者注：银座地名的使用在日本很常见，除了日本东京中央区的银座最为知名外，还有户越银座、十条银座、砂町银座等以银座命名的商店街。

治权力变化导致了这些情况的出现,还有就是平民力量的提升。

自由开放生活的平民难以被限制,这些城市地名的变化正是他们行动力的表现。

四　都市・苏州

路面铺设的发展

宋代道路发展成果显著,特别引人注目的是都市中的路面铺设。这在江南都市中尤为显著,有多种史料记录了当时的道路已经使用石、砖、瓦铺设。

开封道路的养护状态未必尽如人意。当地常常风吹沙扬,雨落泥泞。江南都市的道路铺设却进展顺利。不单是杭州、苏州、建康府一类的大都市,就连四川的都市也是如此。据记载,成都和眉州的路面也进行了铺设。尤其是眉州,以石板铺设道路。陆游与范成大亲眼所见,他们还记载了路面极为干净。

路面铺设是如何进行的呢?《宋代蜀文辑存》中有范谟关于成都街道的铺设记录。① 据记载,政府承担费用,完成了施工,所费在一千余万。完工之际,在街道头尾立石为记,涉及十四条街道,实在是相当大的工程。江南一带暂且不谈,中原尚没有这样的先例,其成功可喜可贺。

其他都市也有施工情况的记载。苏州从吉利桥至版寮巷一带的铺路颇为有趣。这是一项由苏州当地人协作完成的工程,捐钱、捐砖的协作者姓名有记录留下。② 非常有意思的是,出现了一众工程负责人的名字。为了庆祝完工,他们立起了石碑,就像日本神社为

---

① 译者注:参见《宋代蜀文辑存》卷七三《砌街记》。成都的街道铺设始于绍兴十三年(1143)张焘镇蜀,铺设了2000多丈(约6公里)的砖石路。淳熙四年(1177),范成大继为修葺,铺设的砖石路面总长3360丈(约10公里),用砖100余万,钱1000余万。自此改变了成都市区的路面状况,便利了交通往来,成都居民群情欢欣,范成大亦颇为自得。
② 译者注:详见张廷银,朱玉麟主编:《缪荃孙全集·金石2》,第405—406页。

捐赠人立布告栏一样。

　　石碑的内容也意蕴丰富，首先是平民的姓名。我们熟知的中国人姓名大抵都是士大夫的姓名，是与其身份相符的出色名字。但是，石碑上出现的姓名则不同。男子的话，能看到王四八郎、马四郎、张七郎之类非常简单的名字，类似于日本的太郎、次郎、三郎之类。

　　另一个有意思的是捐赠者中可以确认有女性存在。中国的前近代社会是一个女性地位极低的社会。但是，碑文中的她们却作为一家的代表捐款，在碑文中留名。

　　当然女性的人数并不多，但女性留名这一事实十分重要，使人无法忽视。女性的姓名风格同于男性，也是朱氏四娘、胡一八妹之类的名字。

　　作为普通市井人物的他们和她们究竟是怎样的人呢？与身为社会上层的士大夫、官僚不同，因为没有传记的留存，我们对他们的具体情况一无可知。但是仔细研读史料，还是可以通过一些细节了解到很多事情，比如石碑上的名字所暗示的事情。

　　姓名的简朴当然也显示出其出身并不优越。换言之，在文字文化发达的中国，持有如此意义单纯的姓名，可以推测他们的出身离读书人略远。

　　碑文也显示出当时女性的另一面。往往被认为女性再婚困难的古代中国，意外地再婚很普遍。这意味着，通常认为的女性地位被完全压制的前近代，有必要再作讨论。虽尚未到讴歌女性有许多的权利的程度，但有必要对女性的生存状态重新进行思考。士大夫当中，从母就学的故事时不时会出现。其中，也有着主导整个家庭的女性。

街道铺设捐款名单中有女性的名字，显示平民阶层也存在经营整个家庭的女性，是非常珍贵的史料记载。

此外，一些人物的名字前冠有吉州、饶州、宣州等他处地名。他们也许是从家乡迁居苏州的吧。我们不能仅将石碑视作捐款的一览表，仔细探索的话，可以从中一窥平民的生活。

其次是他们的捐款金额。最多的是 20 贯，最少的是 1 贯。从前面介绍的王安石俸禄来看，捐款的数额很大。身为地方知县的王安石，一个月的俸禄为 30 贯，要养活家族数十口人。由此可以测算出资人的财力如何。

还有捐材料的人。在捐砖者中，最多的是捐一万块砖的朱氏四娘。她名列于出资 20 贯者间，所出的材料应该是同等价值。简单按等价计算，一块砖值 2 钱。但是，也有捐资 5 贯与捐砖一千块并列的情况，算来一块砖是 5 钱。因此，虽然无法简单计算一块砖的价值，但是可以推测捐材料者的财力。

另外值得注意的是，他们基本上都没有官衔，即皆非官吏。有官衔者也是最低等的胥吏，是与科举无缘，负责处理杂务的小吏。也就是说，捐款者都是真正意义上的市井百姓。

这些市井百姓究竟是怎样的人呢？实在是让人好奇。虽然只能从碑文中的细微之处进行推测，但可以得知他们没有官衔，捐款金额又相当大，似乎是住在商业区附近，中有从他处移居苏州者。

这里大胆判断一下，其中有些可能是商人，或者是原籍在苏州近郊的农村，现在在都市中谋生者。

当时有这样的故事，某人在农村辛勤劳作，时而努力做些小买卖，终于存够了钱在都市中开店。我大胆地推测这样的人移居到了都市中。

在居民的协力下，苏州城内的道路铺设完成了。但是，此类情况并不多见，这种公共性强的事业主要还是由政府主导。实际上，有许多地方官吏指挥这类工程的情况，即使是在苏州，工程中也有身为下级官吏的人物。在他们的倡导下，工程顺利完工。这在最近的日本也可以看到。众所周知，小型水利工程和土木工程是地方的头面人物和当地议员联名进行的。

道路铺设不局限于城内，都市与都市之间也有。秦始皇就修建过自己出行用的道路。在宋代，也有结为姻亲的两家为了便于往来，铺设了都市间道路的记载。虽然这些可能是例外，但后世马可·波罗见后感叹的中国都市优秀的公共设施，便是自此时起逐渐成形的吧。

都市道路铺设在江南兴盛是有原因的。得益于物产丰富，江南都市的富强是最重要的原因。因道路铺设带来的经济活动活跃也是理由之一。

铺设道路，归根到底是因为高度的使用率。街道有着各种各样的用途，有时甚至会被作为刑场。有传闻，执行酷刑时，几个街道的交汇点会被作为行刑刑场，立柱为记，正直的人看到都会绕道。但是，最重要的作用还是用于通行。

越常使用的街道越容易损坏。因为通行量大，且有沉重物资通过。如此一来，道路的铺设，正是来往人流激增，城市充满活力的表现。而且，这也意味着都市具备对修建后的道路进行管理维护的能力。

街道集中于都市，如此一来，街道就成了都市的象征。但与其这样说，不如说街道和其承载的意义相结合形成了都市。这样说来，都市问题也可以说是街道问题。

桥梁的建设

桥梁也同街道一样。城内河流众多的话，桥梁当然是必不可少的。都市越热闹繁华，人们的交通越是频繁，就越需要桥梁。因此，地方志中当地某官员建桥之类的记载多了起来。建桥不仅是对区域发展的认可，也能促进区域的发展。建桥的重要性因而得到了普遍认同，相关事迹被记载在地方志中。

从桥名也可以看出，如以桥梁建造当年的年号给桥梁命名一般，能以名字为某桥命名的很可能是附近的势要或对建桥有功绩的人。此外，似也有以一族名字命名的桥梁。这暗示着桥梁非仅渡现世之人，也与地域的未来息息相关。

桥梁的优劣对都市景观也意义重大。马可·波罗对桥梁很感兴趣。他虽然实际调查过苏州桥梁的数量，但最引起他兴趣的还是北京郊外的卢沟桥。在他的记载中，卢沟桥被誉为世界最美桥梁。

卢沟桥是元代所建，宋代也有许多美丽的桥梁。美丽且具备优秀结构的桥梁是都市的精华。苏州有众多的桥梁，皆为石造。宋代桥梁几乎都改为石造，不仅美观，也因为人们非常重视其坚固性。由此可见桥梁的重要性。

其中特别著名的是以美留名，坐落于开封主街的天汉桥。这是一座以青石建造、雕刻精美的桥梁。又有位于开封郊外七里处的虹桥，得名于其形似彩虹，且尚有绘画传世。横跨运河的桥梁大致都

四 都市·苏州

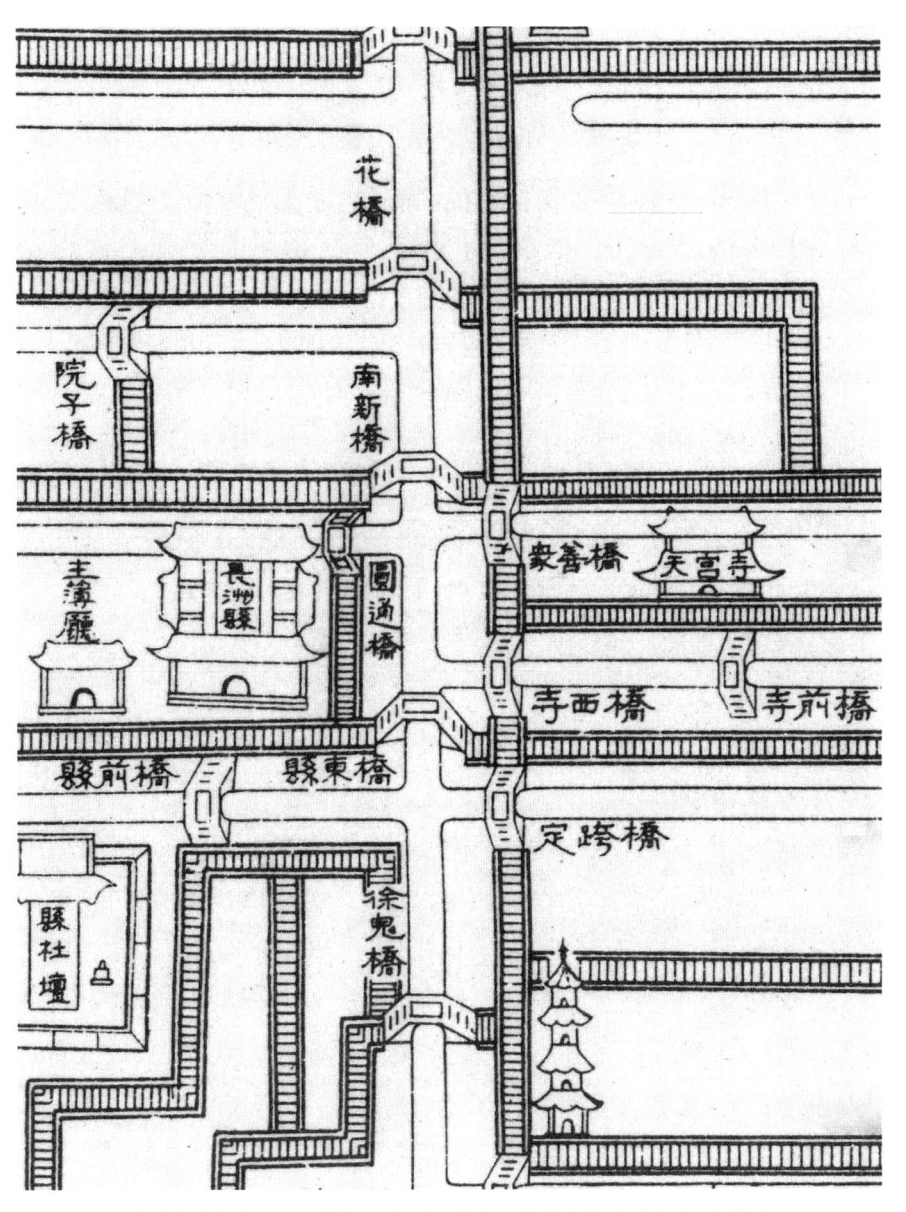

苏州东北部的运河、桥梁、街道、坊表、高层建筑（《宋平江图》）

为拱形，因此虹桥的名字随处可见，其中开封郊外的虹桥最有名。不过，开封的虹桥是木制的。

这就是宋代都市引以为豪的壮丽景观。高耸的城墙、环绕的运河、铺设并得到良好管理的道路、官署与酒楼等大型建筑、精巧的平民住宅，以及绵延分布的街道，构成了宋代的都市景观。从整体来看，可以说已经达到了相当高的水准。

重要的是，我认为当时展现的都市景观与现代都市没有大的差别。从江南各都市来看，与今日的苏州、杭州、宁波也有着相似的景观。粉墙黛瓦、绿柳倒映于运河之中。如今，一些城市的城内还保留着部分运河，尚有船只通行。这样的风景，多半是江南都市所共有的。遍布江南地区的丰沛水资源，成为这些风景的根源所在。

上水道的维护

路上所见的另一个都市景观分为上水道和下水道。

都市稳定的供水有多么重要，即便是不受长期供水不稳定困扰的现代都市居民，也会对此关心吧。张择端《清明上河图》中绘有水井，开封城中的人以此来获取用水。但是，在水质糟糕的开封，水井很难说是主流。

我在扬州旅行的时候，街上随处可见石造的小型水井。在屋旁，在广场，这些就是汲水场所。长年的水桶提落使井绳在井口留下了深深的竖痕，使人感到岁月的流逝。与日本一样，水井的周围聚集着许多的女性，聊得火热。

南宋时杭州集中了众多的人口，供水成了重大问题。当时从杭州城旁的西湖引水造井，作为杭州的上水道。虽说是井，但并非我们所想的在地表掘穴，汲取涌出的水，而是在地下铺设水管，将水引流至此。杭州的水井是为了汲取地下引流来的水而挖掘的。

因此，管理也非常麻烦。有时，势要独占水池，在其中丢弃污物，洗刷马匹，导致饮用水污染，引发疫病事件。宋代杭州也由于地质的关系，地下水中混有盐分，水质问题非常严重。但是，同样也由于地质的变化，元代以降，从西湖引水的问题逐渐得以解决。

水井随着都市的发展逐渐增加，但有趣的是，从事挖井工程的是僧人。在日本也有很多经游僧之手挖掘或改良的水源。这类情况反映过去社会中，僧人是技术的传承者、普及者，实在是非常有趣。

下水道

开封的主街——御街是从宫殿前笔直向南延伸数公里的大型街道。据记载，御街有侧沟，其中种植莲花。沿侧沟还种植有桃、李、杏树等。想必春日绚丽，夏日可在树阴下乘凉散步，春夏之间美如锦绣。御街正中设置朱栏两列，禁人通行，是天子御道。

此处景观所附带的另一个设施便是下水道。下水道最为完备的都市还是开封。据记载，开封下水道被建成了暗渠，实际上规模巨大。盗贼拐掠妇女，居住在暗渠之中，仿开封的一大酒楼矾楼之名，取名鬼矾楼，又称无忧洞，暗渠之巨大可以想见。以其为根据地，在暗中蠢蠢欲动的盗贼众多，即便是精明强干的开封府尹也无计可施。

读到这段记载时，我想到了电影《第三人》[①]和《悲惨世界》。《第三人》中，霍利·马丁斯为打探老友的消息，奔走于维也纳的下水道中。《悲惨世界》中，冉·阿让抱着柯塞特的恋人逃窜于巴黎下水道中。这些都是在都市地下延伸开来的巨大暗渠。开封地下的下水道也是如此吧。

　　下水道有盖子，通常在早春时定期进行大规模的疏浚。此时，盖子就会被打开，在检查完成前都不能盖上。也有人因此掉落下水道，甚至失踪。

　　宋代著名诗人梅尧臣有首诗描绘了此种情况："老翁夜行无子携，眼昏失脚非有挤。明日寻者尔瘦妻，手提幼女哭嘶嘶。金吾司街务欲齐，不管人死兽颠啼。"[②]

　　进行清理时下水道的盖子就这么敞开，淘出的淤泥置于一旁，使市民出行受到极大的影响，但官府只在意如何夸示自己的工作。看来不管在什么时代，这种做法似乎都没有改进。

　　顺带一提，起到下水道功能的不仅限于这样完备的暗渠，在有运河流经的街道，运河也承担着下水道的作用。

---

① 译者注：1949年英国电影 *The Third Man*，日译名"第三の男"，中译名"第三人"。

② 译者注：为梅尧臣《淘渠》一诗，全诗如下："开春沟，呋春泥。五步摇一堲，当途如坏堤。车无行辙马无蹊，遮截门户鸡火迷。屈曲措足高复低，芒鞋苔滑雨凄凄。老翁夜行无子携，眼昏失脚非有挤。明日寻者尔瘦妻，手提幼女哭嘶嘶。金吾司街务欲齐，不管人死兽颠啼。"

四　都市·苏州

宋代苏州

从唐至宋，我们在时光流逝中凝视了都市面貌的巨大变化。终于可以手持地图，去一访宋代都市了。我们访问的是江南的代表性都市——苏州，有"东方威尼斯"之称的著名水之都。

苏州自诞生起，已历两千数百年之久。在春秋时代，吴国建都于此。此后，苏州的地理位置大致不变。隋代虽然有过短暂的移动，但是很快又回到了原地，且都市形态几乎未曾改变。

说实话，建都以来形态不变的说法，令人难以置信。但可以确信的是，从13世纪初起，苏州城完全没有本质上的变化。前载《宋平江图》与近代苏州地图一比较，便一目了然。因此，苏州是至少近七百年间未发生结构性变化的罕见都市。

苏州自身也在历史的怒涛中穿梭。苏州地处富庶江南的中枢，因而饱经风雨，历经春秋时期的吴越争霸、唐末的吴越建国、明太祖洪武帝在元末围攻苏州等战乱。

苏州在经济方面，也经历了巨大的变动。因为处于经济中心，苏州亲身经历了中国经济的变动。

从唐代至宋末，苏州以产粮地闻名，到了明代，成为了轻工业地区。自古以来，苏州丝绸就十分有名，且名声越发响亮。到明末，苏州已经有了相当于今天百货店一样的商铺，且并非昙花一现，而是持续了二百多年。苏州城市的早熟性实在令人惊叹。

苏州的价值不仅限于此。苏州经济发达，使得人文荟萃，与至今还留存的明媚风光相结合，吸引了许多文人墨客。有记载，在宋代就已经有文人在苏州集会沙龙。此外，也有致仕文人就居苏州安度晚年的情况。

在今天，还能反映过去如此多姿多彩苏州的便是《宋平江图》。请大家看这份地图。威严的城墙与城门、井然有序的街道、四通八达的运河，沿路还有行道树，实在是令人惊叹的都市景观。难怪大约半个世纪后到访的马可·波罗发出赞叹之声。

苏州外观

我们也进入宋代的苏州一观吧。

从远处可以看到苏州被高高的城墙包围。现在还不能确定当时城墙的高度与厚度。从后世记载与其他案例来看，高度大致在 7 米。参照建康府，城门上还应有亭子与望楼，7 米高的城墙，城门周边应该更高一些。翻阅最近的记录与报告，近代苏州南面的盘门，算上城门上的建筑，高达 21 米。

这是很高的高度了。从外面看，根本看不到通常高度的民居。现在一般的苏州民居高度为 3—6 米。宋代多为平房，二层建筑稀少。即便是二层建筑，从城外也无法看到。

在明清的都市绘画中，有不少描绘了城门附近的二层建筑。但比城墙还高是不可能的。如果一般民居比城墙还高，那么城墙也就起不到作用了。从这点来看，城墙之上民居屋顶鳞次是不可能存在的风景。

能越出高耸城墙的建筑，大概就是以威严著称的官署与寺院，还有塔楼等。当时的大型建筑还有剧场和酒楼之类，但这些建筑应该都位于都市深处。总之，绵延的城墙之上，可见塔楼与数座高层建筑越出，这便是当时的都市景观吧。

即使并非全然如此，城墙也是巨大的。我首次见到长安，即今天西安的城墙时，也惊讶于它的巨大。现在西安的城墙当然不是唐代的，基本是明代所建，因此，形态更为完善，具有压迫感。城墙与城门耸立，其上所建望楼俯临众人。即便是每日看惯城墙的宋人，也会有一样的感慨吧。从水面聚集的船上看去，城墙会显得更加的高大。

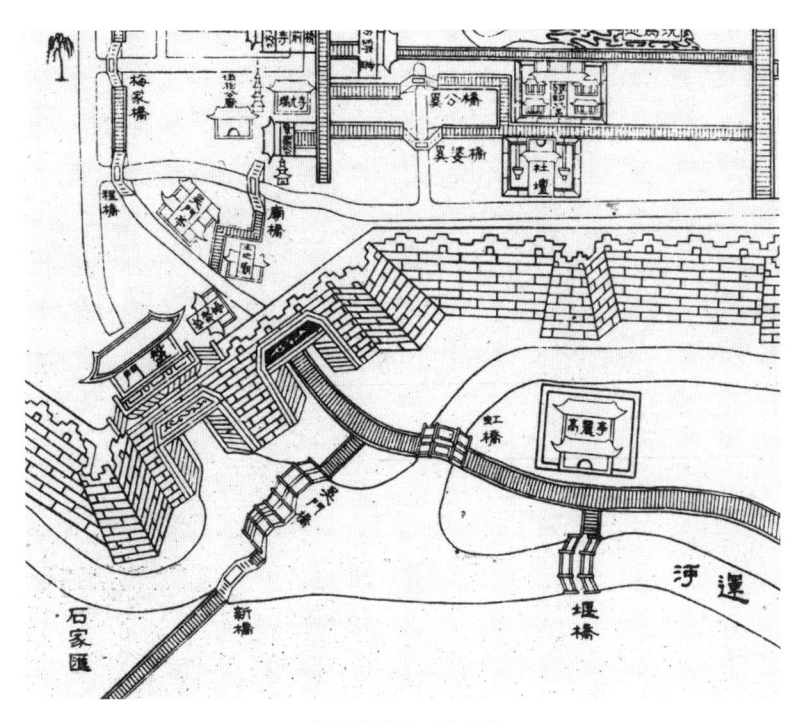

苏州南城门（盘门）
（《宋平江图》。威严庄重的城墙、突出的马面、铺设完善的道路，向今日传达着当时苏州的繁华）

即使在如今人们的印象中，耸立的城门还是像都市的结界一样。

当时耸立的塔比如今还多，更加能使人感受到城墙之高。我在苏州旅行时，也曾望见街道远处耸立的数座高层建筑。我想在宋代也有这样相同的景色，宋代郊外的人们也在朝夕仰见越出城墙的塔吧。

关于这一点，再进一步想象一下。现在苏州有四座引以为傲的宋塔。苏州旧城区中最大的是北寺塔，高78米，宋代称报恩寺，日本留学僧曾落脚于此，北宋时留学中国的成寻也到访过这里。

按地图看，报恩寺前的街道向南北两侧笔直延伸，将苏州城分为东西两部分。这条街道被称为护龙街。护龙街西为吴县，东为长洲县。护龙街的中间位置坐落着乐桥，是苏州城内的中央交会点。

苏州城内的划分，首先是护龙街将其东西两分，再由乐桥南北两分。一分为四的苏州城内各部分，分别称为乐桥东北、乐桥东南、乐桥西北、乐桥西南。

伫立街头，可以遥见巨大的塔。在横贯城内正中央的大街上，耸立的北寺塔俯临民众，给人以庄严之感。北寺塔越出城墙之上，夸示着自身的威容。除北寺塔外，还有其他塔与数座高层建筑，记载于《宋平江图》中。现在大半已不可见，但并非没有留存。

位于苏州最繁华的街道的玄妙观高24米，文庙高19米。这些越出城墙之上的官署和寺观建筑的屋顶闪耀、威严，充满了别样世界的氛围。不仅是苏州，宋代一般都市的外观也是如此吧。

四 都市·苏州

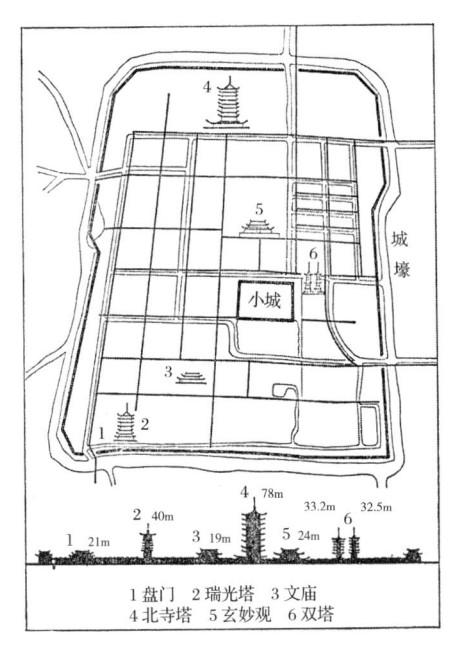

宋代苏州俯瞰图

（参考俞绳方《水都苏州》所收图绘制。从南侧俯视苏州即如图。附加文庙周边的园林作为补充）

苏州近郊的风景

通往苏州有水陆两途，但从当时的交通形态来看，还是使用船只居多。我过去到访苏州时，周边的运河也与古代相同，船只航行，城墙边聚集着船只。

从宋代的旅行日记与记载看，随着旅行者的行程靠近都市，众多行商小贩开始进入视线中。陆游当时也是如此，他还记载了非常低廉的货物价格。成寻进入城市时还有官吏出现，为他办理各种手续。

073

这样的风景，如今尚存。都市周边，可以看到许多小船。我到访无锡和扬州的时候，映入眼帘的也是这幅景象。被创作为流行歌曲的无锡清名桥下①，大小船只穿梭而过。这里的运河沿岸也留下了纤夫的步道。古道石板作为过往遗迹，让人联想到了昔日风景。

城门牢固且复杂，城门处也有许多船只。晨雾渐散中，黑黝黝的船影出现的情景，给我留下了深刻印象。

城门外聚集着众多商贩。类似于一种自由市场，小摊与店铺林立，似乎销售的是就近运来的新鲜蔬菜和水产，甚至还有日用品，充斥着卖家和买家的嘈杂之声，热闹非常。

城门是都市与郊区的边界。穿过城门便踏入了名为都市的异境。夜间城门关闭，这种感觉会更强烈。清晨，人们在淡淡夜色中群集于黑压压矗立着的城门内外。城门一开，人们便开始行动，卖力地做起生意。

城门处，有深夜才抵达，想要最早入城的人；有启程远行，在城门旁夜宿一晚的人；有期待上述两类客人而开店的人。因为城门是都市与郊区的分界线，因此才会有怀着各种目的的人聚集在这里。南宋的另一位著名诗人范成大，在苏州郊外的石湖建有庄园，他也有诗描绘早间乘船等待城门开放的风景。这在以陆路为主的华北都市也是相同的。开封城周边从一早开始就有人蜂拥而至等城门开放。当然，也有人在城门口做起生意。据说可以见到黄河的鱼在此出售。

话说回来，苏州周边又是怎样的呢？应该是密布着错综复杂的

---

① 译者注：1986年，日本著名作曲家中山大三郎来无锡游览，回国后创作了歌曲《清名桥》《无锡旅情》。

水路，眼前展现的是一片渺渺水田之景。西部人家密集，东部则并非如此。由东前进为水田的方向，由西北前进为人家群集的方向，二者之间坐落着都市。两方分界线上有城墙矗立。

进入苏州城

无论走陆路还是水路，总之先让我们进入苏州城吧。比如，从南面盘门进城。漂洋过海远渡来中国的日本旅人也是从盘门进入苏州的。他们大多是在宁波靠岸，从宁波沿运河北上，再由盘门进入苏州城。

盘门外侧有亭馆，官吏在这里接待公派的旅行者。外国来的旅行者在这里接受查对，并进行正式的官方交涉。成寻也是在这里受到接待。

穿过城门，便到了有江南天府之称的苏州。城门边有庙，供奉的应该是伍子胥吧。伍子胥是春秋时期辅佐吴王夫差，攻破越国的名人。但是，世间功臣难遭善待。伍子胥死于谗言和越国的离间，在死前诅咒吴国。伍子胥作为怨灵神[①]被苏州人供奉信仰。

苏州城中运河流淌，沿岸道路延伸。苏州的建设着实奢侈，可以水陆并用。运河水悠悠流过，众多人乘货载的船只往来其间。

[①] 译者注：此处直接使用原文"怨灵神"一词，怨灵即冤魂，指的是现实中含恨而终的人物，抱有强烈恨意的他们在死后招来灾难，对现世进行报复。平安时代，日本朝廷为安抚怨灵，会举行御灵会。安抚怨灵的方法有二：一是追赠死者生前相almost或更高的官位；二是将怨灵奉为神社神灵进行祭祀，即所谓怨灵神。日本最有代表性的怨灵神即菅原道真，他因谗言被贬，死于贬所，后成为日本的学问之神。

从陆上换乘船的地方，设有台阶。台阶的设置方式很有趣。在《清明上河图》中，开封下到水面的台阶是与道路垂直的。在船舷与台阶间架上踏板，就可以自由上下船。前几年，我在乘船巡游东京水路时，发现东京的台阶基本上也是相同的。

东京到处保留着过去江户时期的水路。桥梁和高速路下有古老的垒石、石阶残留。它们都是向水面垂直伸出的。可以说，是朝着水中下去的构造。

前几年，我在江南旅行时注意到，下水的台阶构造与日本的相当不同。江南的下水台阶是与道路平行安置的，并非没有与水面成直角的台阶，但很少。大概是潮水涨落之差的原因，江南涨落差没有日本那么大。陆地上的水流动缓慢。特别是水路错综复杂的江南，这个倾向更为明显。因此，没有必要朝水面垂直设立台阶。另外，也是出于货物装卸便利的考虑。潮水落差越大，或船只越大，在岸壁上停靠也就越难。这样的台阶设置也是中国独特的都市设计。

只从地图上看，盘门周边并没有民居密集的迹象。但并非没有人员活动，只是因为普通人物被忽略了。苏州南部绝非热闹繁华之地，可以说是萧条冷落。仅看《宋平江图》，苏州南部，特别是子城南部的道路与运河并不完善。城门近旁虽然官署林立，但城墙附近区域的道路与运河杂乱无章。且不论运河，道路都不畅通。

此外，附近还有许多园林与寺庙，以及居养院。居养院是宋代在全国设立的贫困民众救济机构，收容无亲可依的老人、病人、孩子等。这样的设施难以建在都市中心。虽然不是说皆是如此，但即便在今天，老人院与救护机构出人意料被建在乡下与深山中的情况也依然存在。本来，这类设施应该建在交通便利、能使人振奋的地方，

四　都市·苏州

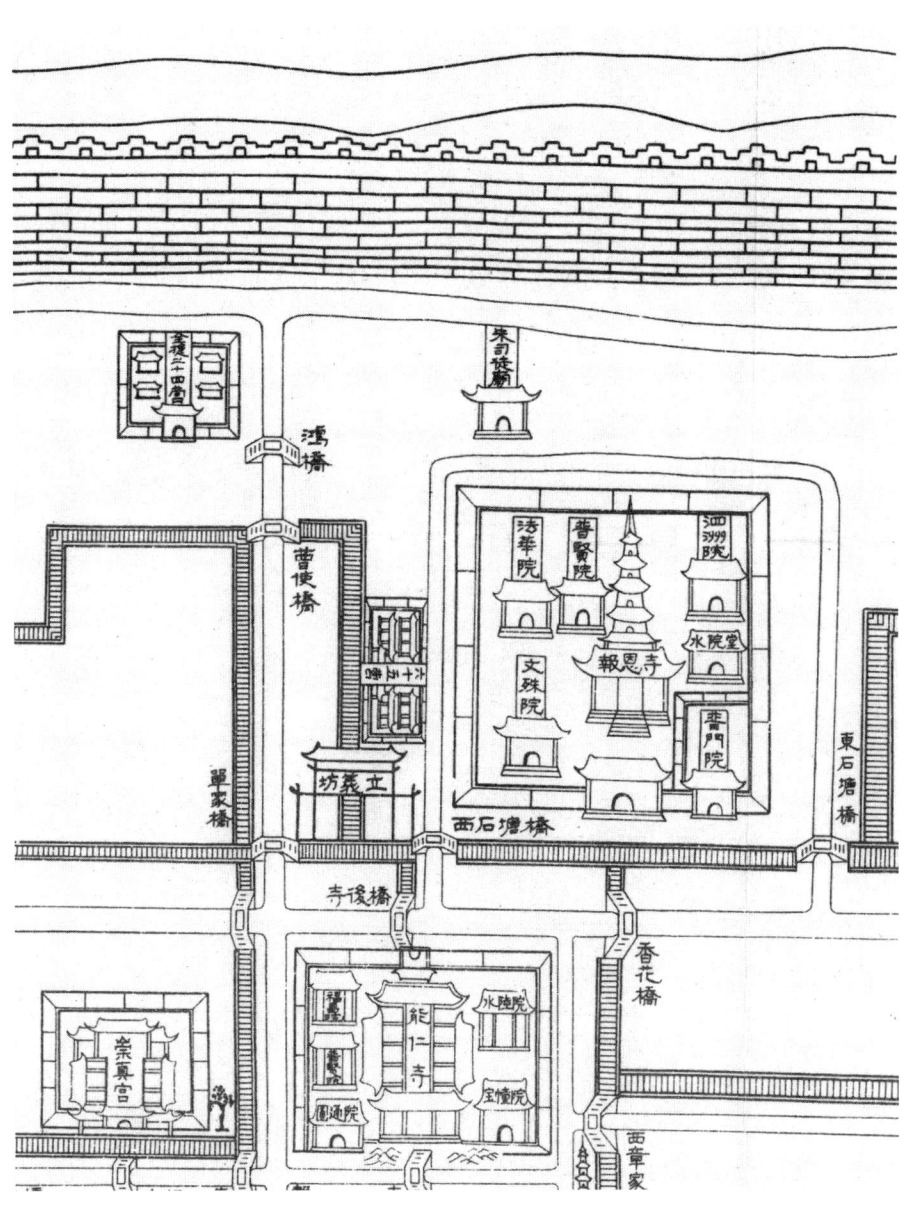

报恩寺（《宋平江图》。护龙街中矗立的塔现称为北寺塔）

但现实是，对于弱者的关怀如微光一般幽微。

但是，从绍定四年（1231）起，即《宋平江图》完成两年后，苏州城中心的乐桥东侧就设立了可容纳200人的广惠坊。我推测广惠坊的位置是位于主街护龙街与官署所在子城之间的细长区域内。丽景楼就坐落于该区域，旁邻孝义坊坊牌。

据记载，广惠坊的规模达70间房间，是相当庞大的机构。梅原郁对广惠坊的基本结构进行了考察，广惠坊配有寝室和大厅，由寺庙人员负责管理。

水路·陆路

苏州城内水路四通八达。俗谓之"三横四直"，以三条横向运河和四条纵向运河为中心，众多水路交错分布。但是，不是所有的水路都被频繁使用，而是分为主要水路和非主要水路。

往来船只众多的水路是通往繁华街道的。船只在繁华街道间穿梭行进，众多桥梁架设在头顶上，船从桥下通过。周围人家、仓库林立。对比之下，沿途没有重要建筑的水路和街道，应该十分萧条冷清吧。

从盘门直行的运河，即第一运河，沿岸有着形形色色的建筑。左手边是姑苏馆，右手边是寺庙和富家宅邸等。姑苏馆前的城墙上楼台矗立，仓库与税务官署比邻。

上岸往东走，一路有园林、寺观，不久就到了府学，这里是文教区。著名的苏子美沧浪亭也位于此。附近是文人的住所。

再向东走就到了官厅街，所经路上竖立着坊表。也可以通过水

四　都市·苏州

路前往官厅街，船行至梅家桥或新桥处右转，行至程桥再右转，沿城墙行进，在南星桥左转即可。两条路线各有趣味，沿途景观也各不相同。我们仔细观察的话，会发现这些街道和水路中也有走不通的死路。可能是因为周边尚未开发，才会如此。纵使有人家聚集，也不过是贫民街的景象。

街道结构变得复杂有两个原因。一是开发过度，且是自行开发。另一个是无限制地保留，而变得复杂的情况。我们所行经的道路附近就属于后者。虽然这里有园林与官厅街，但远离都市中心，缺乏具有经济意味的地名。无论是水路还是街道，都过于复杂，给人留下稍显冷清的强烈印象。

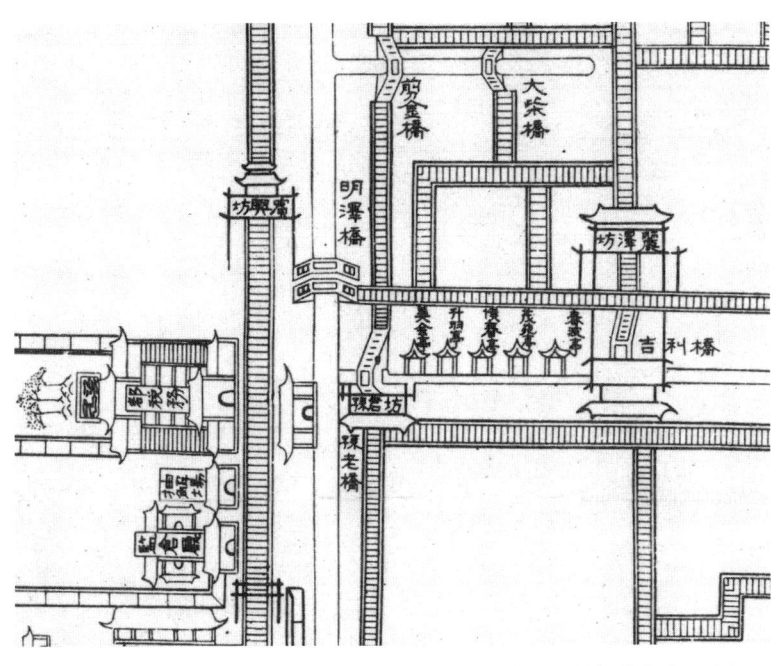

苏州南部的繁华街道（《宋平江图》。官署、酒家、文教机构集中于此）

这一处是湿地，每日有人来采摘菱角为粮。城内的湿地甚至是运河，以及位于乐桥西北的夏驾湖，都是人们每日的口粮产地。这也是都市水路并非单纯交通道路的佐证。

研究《宋平江图》，就会发现城内东南部的园林多配有池塘。它们应该都是自运河引水。南部的说明大致如此，该向城市中心部出发了。

城南

要进入苏州城中心部，必须在孙老桥右转。从名称看，这是以人名命名的桥。附近还有名为孙君坊的坊表，可能是得名于某位孙姓老人，或和孙氏有关系的桥梁或土地。可能孙老桥附近也居住着地方势要。

这附近是黄金地段，从孙老桥往东是繁华街道，有酒家，前面提到的民众捐资铺设的道路也在附近。桥西为官署，稍往北是贡院。每逢科考，地方官员都会在贡院相邻的宾兴馆设宴。宾兴馆旁有明泽桥，为并立双桥。若没有这两座桥，就无法分流拥挤的人群，这在苏州也是罕见的情况。

孙老桥附近在黄金地段中也是尤为出众的。北宋末，靠着宋徽宗热衷的花石纲大发横财的朱勔，赶走当地人家，意图强买此地，据说被赶走的超过500户。从地图中无法窥见，但该地确实人家稠密。想想看，该地相邻的是官厅街与文教区、闹市与商业区，理所当然受到人们的青睐。

现在，我们在第一直河上直行，前面是与金银器加工相关的地名——剪金桥。在宋代，金银器加工制作盛行，尤以银制品为珍贵。这从考古出土物中银制品众多也可以推测一二。

政府当然不可能忽视这种风潮的泛滥。为防止国民为奢靡风潮所浸染，政府发布了奢侈禁令。但是，随着金银器制作技术的提高，民间流通已不可阻挡。而且，这是一个经济显著发展的时代。金银器工匠们构建了一个复杂的生产组织来制造和输出产品。

金银制品在性质上多是为了满足大都市的需求。工匠移居大都市从事工作是很普遍的。这种情况在开封、杭州、苏州一类大都市中发展开来。南宋都市临安（今杭州）据说有数十乃至数百户工匠群集，其繁荣景象可想而知。匠人群集就会形成作坊街，自然也就成为了该地的地名。在苏州，除了剪金桥，还有银铤桥等。这些与金银器加工相关的地名和桥名的出现，可以视为作坊街产生的证据。

沿刚才的运河北上，经过举行科举考试的贡院，可以远眺作坊街，不久便到了阊门附近。这里已经是通往城外的路线。但此处我们不再直行，而是右转，朝都市中心而去。

右转后亭馆鳞萃。这就是前面说的酒家街。运河沿岸酒楼连缀。这样的景观在日本也有。我乘船巡游东京水路时，于河面上也见到相同的景观，深邃的日式房屋和寥寥数棵柳树倒映于河面。

总之，这附近是酒楼与妓院的地界。到了明代，苏州也是游船泛于河上，纵情声色之景。盛装打扮的女子在此地乘船出行，当时的景况详见于《苏州画舫录》。画舫便是指游船。此书描绘的便是欢场中妓女的事迹。

都市皆有花街柳巷，其间情色与暴力蠢蠢欲动。江户的大川端①水面上满是浮舟泊船，一派寻欢作乐之景。在一声声高昂的"吉原引路"中，眺望见返柳②，这便是江户大川端的景色。同样的风景，在苏州也可以见到。

花街柳巷与商业区有着密切的关系。从这一带至苏州中心乐桥一带，在建筑与地名中亦可以窥见，此地处处都是酒楼。坐落着高层酒楼的繁华街是平民憧憬的目标。

众所周知，开封街上也有不少高大的酒楼，《清明上河图》中绘有酒楼的总店和分店。分店在当时称为脚店。无论是总店还是分店，都门面阔气，装饰独特。苏州即便不是如开封这般，也是被比作天国的富裕都市。再加上它的繁华与优美，是文人墨客游乐之所。他们泛舟于悠悠运河上，纵饮酣醉，与妓调笑，耳旁传来苏州城内嘈杂的人声。

前往城北

从这附近左转，由第二直河往北，依旧是一片繁华街道，我们穿梭于此间。

先上岸看看吧。在饮马桥下船，这里就是护龙街，道路两侧树立着坊表。北面尽头是苏州第一名刹报恩寺。但是从饮马桥看现名北寺塔的巨大佛塔，可能还是有些遥远。

---

① 译者注：大川端是日本东京隅田川下游地带的名称，从江户时代起就是寻欢作乐的场所。
② 译者注：见返柳为日本江户时代妓院区吉原下坡上的垂柳。吉原游客离去之时，留恋回望，因此得名。

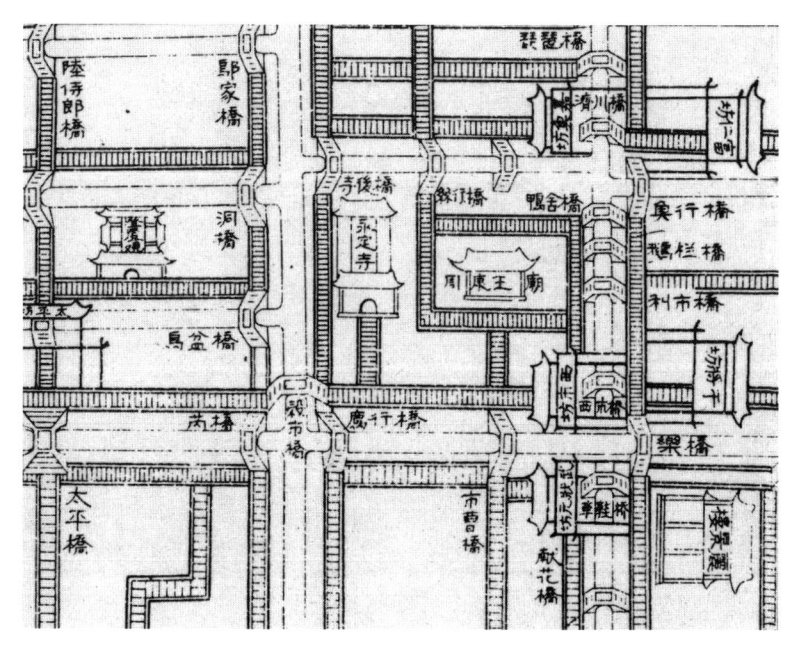

苏州中心部
(《宋平江图》。作为中心的乐桥一带自古以来就是商业区，有着错综复杂的道路和让人想到过往市制的地名)

稍往北走，附近是官厅街，当时的苏州叫平江府，这里坐落着平江府府仓。府仓没有面朝主街设置，右手边可以看到茶盐仓。北上而行，有巨大的跨街楼。虽名为跨街，但不是真的横跨街道。看起来似乎是座酒楼。周围有许多的宏伟建筑。

应该也有其他许多官署与商店。其间的子城城墙若隐若现。普通人家也应该于此密布，但地图中毫无描绘。

旅行者旅行时都会想要获取当地绘制的地图。然而除了标志性建筑和路标外，一般性的内容基本不会被画在地图中。宋代的地图也是一样。孙老桥附近 500 余人家在地图中没有记载也是缘于此。在这个著名的官僚制国家中，优先记载的是官署相关的内容。

乐桥一带

北行至乐桥一带，到了苏州最大的繁华街，也是都市中心。苏州城内以乐桥为起点进行划分，乐桥并不是单纯在地理上位于都市的正中心。这一带的经济性地名众多，是唐代时市的所在地。

唐代严格规定了都市的商业区，施行市制。这未必是唐代的固有制度，而是中国传统的都市制度之一，得到了后世严格的继承。在长安，有东、西两市。在苏州，两个市位于乐桥两侧，其中之一就是现在要去探访的地方。附近的地名中有许多与经济相关的词汇。比如带有表示市与同业公会的"行"的地名很多。此地路线复杂，店铺密集。

唐代的坊制崩溃当然也带来了市制的崩溃。随着市制的崩溃，过去被限制于封闭区域内的经济活动散布到了整个都市。为了追求地利，店铺搬移到了容易获利的地方。

但是，商人们为了生意，还是想要维持过去的人际交往，那就是被称为"行"的同业公会。在过去的市中，同业者集中于一处共同行动，所以称为"行"。

市制崩溃，商店四散于都市内。如此一来，城内各处经济性用语派生出的地名，层出不穷。但是，作为曾经的市所在地，理所当然地，依然有着众多与经济用语相关的地名，店铺密集。况且，如果该地的经济持续繁荣，更是会如此。也就可以推测出乐桥一带商铺丛集的情况。某行、某市的地名、桥名就是证据。

但是，乐桥一带不是没有普通人家。在重视铜的宋代，屡屡出台禁止滥用铜的禁令。当时，乐桥一带流传着埋匿的铜化为鬼物作祟的传闻。相传埋藏的铜铃化为妖物去骚扰女性，然后躲藏了起来。[①]

因为西侧有大运河流经，苏州西侧大体上在各时代都更为繁荣。尤其是阊门附近，热闹非常，众多的商店和人家集中在此。苏州西侧，特别是西北部尤为繁华。相较之下，东侧就无此般盛景了。其后随着常熟周边开发，米产量上升，东侧也可以看到一片盛况，但我们现在访问的宋代尚未如此。

繁华的程度不同，居民的气质也截然不同。明代人言，西侧居民轻薄浮华。相较之下，东侧居民多勤恳。这反映出经商为生者与农业经营者之间的不同。

这种不同甚至影响到了城内结构。看一眼地图便知，西南部与西北部的构造错综复杂，仅凭这一点就可以想见其繁荣。东南部的构造虽然也复杂，但也要注意到这里官署众多，有许多与码头相关的地名。若要从东南部北上，需经第三、第四直河，途中地名也多有经济用语。

再往北走，已至乐桥东北部。左侧是寺院街，右侧不明。但从频繁出现的某家桥的地名来看，可能是新开发的地区。道路井然有序。对留下来的唐代都市形态未多加改变。

环游西北部一圈，让我们回到开始的乐桥附近。这一带寺院众

[①] 译者注：详见《夷坚丙志》卷十《乐桥妖》，因朝廷铜禁，乐桥附近的一户人家将铜铃埋藏在地下，久而忘之，后铜铃化作人形惊扰女性，被挖出后击碎。

多，道路复杂。引人注目的是，护龙街两侧成排矗立的坊表。这是否意味着什么呢？如果不复原唐代的道路、坊区规划，就难以言明，但像这般主街上坊表林立的现象，也让人很感兴趣。

吴县官署坐落在这一带，名人也居住在此，有与宋代著名人物范仲淹相关的地名，以及苏州代表人物朱长文的府邸。他们的姓名都被用于地名。

城西南部的若干坊名也有这种倾向，大概是因为地近文教区的缘故吧，前举以侍其氏命名的街巷也位于这一带。宋代小说记载，侍其氏的宅邸有庭园，园内种植蔬菜。

多年前访问苏州，我为当地尚留有与范仲淹相关的地名而激动不已。我还清晰地记着，那条并不宽广的路上，站立着一位带着孩子的年轻女性，晾晒的衣物随风飘扬。

前往城外

接下来，我们要离开这座以繁华与景色优美著称的都市。

去城外，要从阊门走。报恩寺逐渐映入眼帘后，左转进入另一条种着行道树的北侧道路，直走去阊门。

这附近有吴泰伯庙和土地庙。中国人的信仰很虔诚。苏州城内有着形形色色的神灵。松本浩一认为，人间社会处于官僚制度和皇权强化的时代，神灵世界也在进行着天界的编组。

神界进行的体制完善和强化，反映的是人间的等级制度。神是照出人类内心的镜子。正因此，神界也在进行与人间对应的组织化。如此一来，苏州的神灵间也就有了等级和职掌分工。其中，土地神

四　都市·苏州

的地位并不太高。都市中地位崇高的是职掌都市的神灵。

中国都市也有都市神存在，即城隍。苏州的城隍是春申君。他是战国时代楚国的宰相。据传他有食客三千，与齐国孟尝君、赵国平原君、魏国信陵君并称战国四君子。他也是含恨被谋杀，也就是说，苏州的城隍也是一位怨灵神。

一出阊门就是城外地界了。大运河流经此处，这一带非常繁华。苏州郊外最大的行乐地虎丘也在附近。因诗闻名的枫桥也离得很近。此处聚集着苏州最多的商人。后世甚至有了要在这里建城墙、把这里包围起来的传言。苏州城门附近的繁华景象留在了许多后世绘画中。

水生都市苏州

我在苏州旅行时，印象尤为深刻的是其对水的善加利用。虽然现在有很多水路已经被填平，但从留下的不少水路中也足以想象水在苏州人生活中的重要作用。

水本就是都市所必需的。水运是人们重要的搬运手段。如"南船北马"的谚语，即便在重视陆路的华北都市也是一样通行。长安、洛阳也将众多水路引入了都市。众所周知，都市的粮食供给是通过江南的大运河，宋代的都城开封也是如此。

描绘当时都市风景的《清明上河图》中也有在向都市运送物资的船只，人们拉纤的身姿恰似伏尔加河上的纤夫。总之无论在哪，对都市来说，水都是必不可少的。

日本也是同样的情况。比如关东平原就有很多的水路。涩泽荣一①年轻时也曾利用水运贩卖靛蓝染料。水系沿途,众多都市因此兴盛起来。现在,关东地区的都市还保留着"藏街"。川越、佐仓等,这些正是过去水运留下的印记。

不仅是内陆地区,沿海港口都市也停泊着许多船只。司马辽太郎的《菜の花の冲》(《油菜花的海岸》)生动描写了日本近世海运的面貌。

这些港口都市都有"藏",即仓库。对于需要全方面储备的都市而言,必须仰赖于"藏"。堺在日本战国时代讴歌自治与自由,被传教士们称为"东洋威尼斯",这是一座在乱世中"傲慢地每日享受黄金"的都市,它的统治者是合众会和纳屋众。纳屋即仓库。关东水系沿途都市至今仍保留的"藏街",正反映着都市依赖水运生存的事实。但是,我原以为将人们聚集起来的"藏街",应该是江户时代的遗迹,出人意料的是明治时期的。

苏州也可以说是由水运发展起来的都市。与其水乡地带形成的都市身份相符,苏州以对水善加利用的景观为豪。这种景观并非单指城内众多的运河,城外也有许多的水路。苏州水路形式多样,既有流经苏州的大运河,又有小型水路。得益于水路众多的江南,都市宛如漂浮在水中一般。人赖水路而行,物赖水路而运。苏州正是靠着丰沛的水资源而形成的都市,是江南都市发展中的典型。

这种都市生态也被称为水网都市。但是,相较于这种说法,都市巧妙地利用水运输物资的方式,更像是在水中扩散根系,从中汲

---

① 译者注:涩泽荣一(1840—1931),日本江户末至大正初的实业家,有"日本企业之父""日本资本主义之父"等称呼。

取养分的水生植物，苏州就是它开出的花朵。从这个意义上说，江南都市是否可以被称作水生都市呢？我们所见的景观也正反映了这一点。没有什么比《宋平江图》更能精彩地说明这样的景观。

五　都市生活的开展

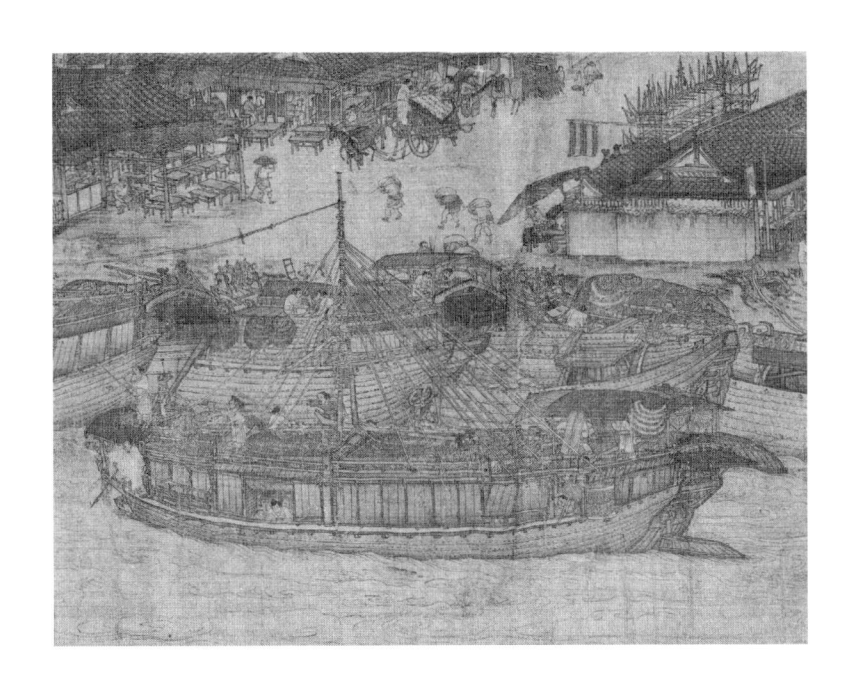

宋代国都

都市景观的形成并非仅靠人造建筑,还要与自然相合,方能形成。都市中的河川与池沼、园林、丘陵与树木,所有的一切共同构成了景观。尤为重要的是人,人是都市景观中最杰出的素描,人的活动营造了都市。

要讲述生机勃勃的都市景观,就必须讲述都市中活动的人们的生活。最能展现这一点的就是首都。

首都是一个时代的缩影。无论多么先进的现象,都是始于首都。比如伦敦、罗马、巴黎,还有东京,宋代也是同样的。正是在首都,可以看到当时人们最前卫的风俗。为了明确当时都市的景观和风俗,我们必须要一访宋代的都城。但宋代有两处都城,分别是开封与杭州,一个是位于华北平原的北宋都城,另一个是位于江南水乡泽国的南宋都城。由于金人的入侵,宋朝被分为南北两宋。这意味着开封和杭州同出一源。但建立在不同地域的两都,有着鲜明的对比。

在我们投身宋代都市之际,首先必须要知晓这些都市的历史。对宋代而言,北宋开封是失去的都城,南宋杭州只是临时都城。对被赶出华北被迫南迁的宋朝来说,杭州被称作行在或临安,含有北归前作为临时都城之意。

两个都城中,我们要投身的是北宋末的开封。理由有二,一方面是开封的都市文化极盛,另一方面是北宋末年距南宋较近,可以兼及南宋都城杭州的风俗。

五 都市生活的开展

开封的建设

如前所述,开封地处起自江南的运河与黄河相交之处,是在华北大平原上发展起来的都市。相比之下,临安是在江南丰富水资源上发展起来的水生都市。从这点上看,两个都市有明确的差异和不同的意义。作为同一个帝国的国都,两个都市性格迥异到不似同源于宋。这种差异体现在方方面面。都市结构、居民气质、风景、都市周边的景观,以及统治者,一切都截然不同。在访问宋代开封之前,请牢记两个都市的性格不同。

开封是座古老的都市。它是在黄河南面大平原的交通要冲上发展起来的都市,与黄河的泛滥命运与共,度过了艰苦的历史岁月。奠定了开封以后发展基础的是隋代及后世对大运河的开发,这在隋之后的唐代越发明显。江南地区得到进一步开发,开始担负起帝国经济中心的重担。从江南运出的粮食,历时半年,通过大运河源源不断地输入华北。为了将货物运入洛阳、长安,需要由大运河转运至黄河。如此,地处黄河要冲的开封经济重要性大增,都市发展的基础由此确立。因动乱不绝一度沉寂的大运河,长久以来一直承担着这项重要职能。

唐代覆灭之后,五代的首个王朝后梁注意到了汴梁开封的经济重要性,定都于此。其后,后晋、后汉、后周王朝相继定都开封。中国历史上首个重视经济性的首都诞生。其经济发展水平以宋朝定都于此达到顶峰。

开封的城墙厚而坚实,缘于其地处大平原,不利于防守,且黄河常在开封周边泛滥。因此,开封被厚厚的屏障所包围,形成了其独特的都市景观。

开封有三重城墙,由内起为宫城、内城、外城三层。其规模分别为,宫城周长5里,内城20里、150步,外城50里、165步。换算下来,宫城周长约为2.76千米,内城周长约为11.29千米,外城周长约为27.9千米。这些都是记载中留下的数据换算后的结果。根据最近的报告,外城周长为30千米左右。

受地理环境所限,开封长久以来都直面黄河的洪水威胁。因为它恰处于黄河转弯处,饱受黄河频繁泛滥之苦。现在的开封是清代所建,明代的开封已埋于厚土之下。过去建于山冈上的宋塔,现在

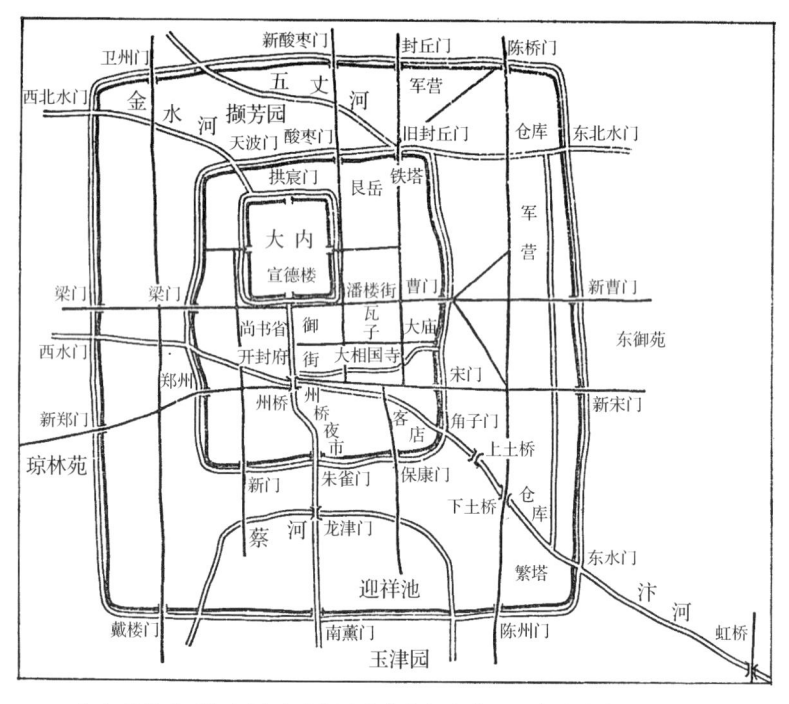

北宋开封平面想象图(《中国建筑史》所收。图中的御街是弯曲的)

五　都市生活的开展

已矗立于平地，可见黄河泛滥之威力。因此，对于最近的发掘报告也应该稍作查证。

总之，无论外城周长为27.9千米还是30千米，都可以看出开封是一座规模巨大的都市，但作为首都，要小于唐代长安。

长安外城周长达35.7千米，不愧是世界帝国的首都。当然，这并不是说开封极端贫弱。但是，在地域辽阔的中国，开封作为拥有1亿人口的帝国的首都，还是让人不禁感觉规模有些小了。开封最小的是宫城。长安分为皇帝居住的宫城和处理政务的皇城两部分，二者相邻，其周长实际上达到了10.8千米。对比之下，开封的宫城规模只有长安的四分之一。仅就宫城来说，与作为世界帝国、君临东亚的唐首都长安相比，开封是一座缺乏权威和尊严的都市。

但是，开封的城墙比长安巨大。从北宋中期改造后的景观看，长安城墙高1丈8尺（约5.3米），而开封城墙高4丈，超过12米，是长安的2倍以上。与同时代的其他州城城墙比，也超过了近一倍的高度。城墙越高，其厚度自然越厚。开封城墙的厚度为5丈9尺，在15米以上。开封形成了从城外无法窥视城内风景的结构。

厚重的城墙并非仅为避洪水之害。因为开封地处平原，也是出于防御的考虑。还有一点就是筑城技术的进步。超出一般城墙数倍强度的城墙，成了开封的生命线。

虽然开封比长安规模小，但无论是城墙高度还是厚度，都可以感受到开封景观的威严庄重。虽然当时的平民阶层十分活跃，享受着快活悠闲的生活，但宋王朝的首都开封还是以傲然之姿俯临着民众。

开封的形态

关于开封的营建，流传着周世宗立于城墙之上，让日后的宋太祖赵匡胤全力策马奔跑，马力尽处定为城墙的轶事。乍看之下，仿佛是一个宏大的传奇的故事，其实反映了开封的城市建设已然脱离了古代传奇色彩，因为其中已经感受不到以往在超出人类基本认知范畴的神话中追求城市建设意义的氛围。而且，这个轶事反映了开封的基本框架是在后周、宋两代的共同努力下建成的。

如前所述，开封是作为黄河流域的交通要冲而发展起来的古老城邑，因此街道的设置并不完善。起初家家户户都是自然地随意定居。对此进行整改后，才形成宋代的开封。所以，宋代的开封也并非其诞生之初的面貌。作为时代象征的都市，其存在就要符合其所处的时代。由此，都市的面貌逐渐变化，我们就去北宋末年一窥开封最繁华的样貌吧。同时，我们必须要对开封的建成与变迁加以关注。

开封的改建覆盖了城内外。在城内，修缮古代道路并加以扩张，拆除侵占街道的建筑。在城外，迁移坟墓，划定郊区范围。

之前我们都是边看地图边介绍都市的形貌，遗憾的是，找不到有价值的开封地图。虽然有关于过去开封的记载，但没有地图流传。仅在相当于今天百科全书的类书《事林广记》中，留存有一幅变形的开封地图，且是元代版本。如图所见，是一幅绘制了都市概要，内容仅有运河和宫殿的抽象地图。

但是，它所描绘的都市空间杂乱无章，又反映出一种不同的观念，说明时人对都市或者说都市本身，早已在无意识中接受了唐宋之间的不同。首都开封虽是皇帝君临统治的都城，但已经不再是仅

为统治阶级服务。都市中四通八达的规划道路没有被绘制在地图中就清楚地反映了这一点

《事林广记》的地图，一方面反映着时人的观念，另一方面显示的是杂乱的内城景观。在我看来，这很好地说明了宋王朝的本质。在北方民族的压迫下，为了对外展示王朝的正当性和大义名分，宋朝在都城外形上费尽心思，但它又迷醉于内里的繁华。这张地图不正是说明宋王朝这样的面貌吗？但这张地图在都市景观的复原方面无法使用。因此，要根据文字记载来复原抽象的都市景观。迄今我们读过的中世都市景观相关知识就派上了大用。下面就来复原试试吧。

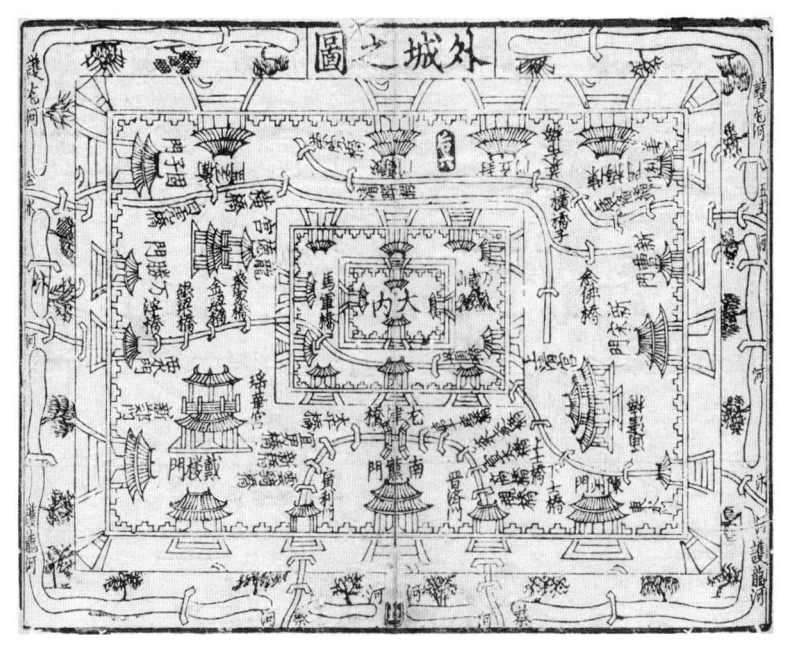

开封图（元版《事林广记》所收）

开封城内的街道也是与城市的规模相匹配的，没有唐代长安的道路那样宽广。30步、50步的数字记载散见各处，30步约为46.2米，50步约为77米。后周时允许宽50步的道路两侧人家各予5步，即可超出道路7.7米。当然，不允许在超出的范围内建屋，只允许作为种树掘井，偶建凉棚之用。朝廷对不同路宽，逐级进行了政令规定，30步以下至25步宽道路，各予3步，即两侧人家可以超出4.62米。[①]

结果就是，77米宽的街道实际只有61.6米，46.2米宽的道路只要确保37米即可。实际上，这是承认了街道侵占的事实。

如此一来，在开封城内就无法见到如唐代都市一般宽阔的街道。加之四通八达的垂直交错街道的消失，开封城内虽然尚留有若干主干道，但是整体上，错综复杂的道路已经成为主流。进入小巷，这里已经成了平民住宅区。

开封景观的另一个特色是纵横挖掘的运河。为了维持国都的运转，必须要保证物资的稳定供给，因此要扩建运河。开封挖掘了四条运河。

从江南运输物资的主运河被称为汴河。河宽100—150尺，即31—45米宽；河深8尺5寸，约为2.6—2.7米，水相当浅，且水流急而含泥沙。因此平底船从汴河桥下过时，要以篙撑桥使船通过。请看一眼虹桥之下人们努力操纵船只的身影。汴河之上，可以看到拉纤的人、划船的人、拼命摇橹的人，还有为了避免撞上桥梁在压

---

① 译者注：见《册府元龟》卷一四《帝王部·都邑第二》。显德三年（956）周世宗柴荣下《许京城街道取便种树掘井诏》："其京城内街道阔五十步者，许两边人户各于五步内取便种树掘井，修盖凉棚。其三十步以下至二十五步者，各与三步，其次有差。"

五　都市生活的开展

下桅杆的人。

汴河是地上河，黄河带来的泥沙抬高了河床。据记载，河堤高出平地1丈2尺，上下落差巨大。有份记载形容从河堤上看人家，仿佛在窥探谷底一般。[1] 可以看出，当时一般的民居不会太高。河堤上种有榆树，在夏日就成为一片凉阴。

其他运河有从山东运输物资，横贯开封东北部的五丈河，又名广济河；运输河南方面物资的蔡河，即惠民河；此外还有一条自西北流入，直达宫城的金水河。这四条运河组成了开封水路的主干线，掌握着开封的生死。

挖掘运河这样巨大的交通干线，其周围必然会聚集着许多追求特权者。汴河河堤上，小生意人扩大店面的话题在都市传闻中随处可闻。还有比这更严重的侵占行为。同建康府的秦淮河一样，运河沿岸设有政府的仓库，牟利的势要们便趁机建造仓库，混迹其间。如日本水系城镇沿岸街道中的藏街，在当时的开封运河沿岸就出现了类似的建筑。

开封城内的建筑无从探知。关于当时建筑物的平面结构、比例，从《宋平江图》中可获知，但高度和位置等则一无所知。在绘画中虽然有些许留存，但也仅限于别致的乡间住所和酒楼等较特殊的建筑。《清明上河图》中也是如此，高层建筑仅有城门楼和酒楼。

相较之下，《清明上河图》中出现的少数一般民居几乎都为平房。在明清绘画中，有描绘城门附近二层民居鳞次栉比的场景。但

---

[1] 译者注：见《梦溪笔谈》卷二五《杂志二》："自汴流埋淀，京城东水门下至雍丘、襄邑，河底皆高出堤外平地一丈二尺余。自汴堤下瞰民居，如在深谷。"

在宋代绘画中,二层民居很少。可以推测当时的都市建筑,特别是平民房屋,即便在开封也大半皆为平房。

这并不是说都市中的高层建筑稀少。宫城、官署、寺观等,即便是平房,也是建筑宏伟,屋檐高耸。此外,大型商店应该也是相当高的。

大体上,二层及以上建筑的出现是为了有效利用狭窄的土地,或是为了彰显威严而建造。与其说权力者倾向于兴建高楼,倒不如说宏伟壮丽的建筑才是主流。因此,提到开封的巨大建筑,果然还是酒楼一类。

开封宫殿东南有东角楼,在被称为东角楼街的一角有瓦子五十余所,大者可容纳千人,是相当大规模的建筑。[1]

另外,宫城东华门外有三层高的白矾楼五座,各用飞桥相连。其中,西楼因为可以眺望皇宫禁苑,被禁止登楼眺望。[2]《清明上河图》中,酒楼虽然最高不过二层,但已经是相当高的建筑了。

除此之外,政府高官与大商人等,也都拥有具备相当规模与高度的住宅。因此,仅就开封而言,都市景观应该是更为优美了。

开封的有钱人的权势到了让人产生这番想象的地步。高档饭馆的存在本身就暗示了这一点,况且还有经营着成千上万贯贸易的米商。经营茶业致富的马季良,是宋真宗皇后的兄长刘美的女婿,在

---

[1] 译者注:见《东京梦华录》卷二《东角楼街巷》:"街南桑家瓦子,近北则中瓦,次里瓦。其中大小勾栏五十余座。内中瓦子莲花棚、牡丹棚,里瓦子夜叉棚、象棚最大,可容数千人。"
[2] 译者注:见《东京梦华录》卷二《酒楼》:"内西楼后来禁人登眺,以第一层下视禁中。"

五 都市生活的开展

开封城门楼（《清明上河图》。也有说法认为是城门或鼓楼）

宫中隐然很有势力。由于他的干预，茶叶专卖制度一度中止。马季良所处的时代是北宋第三位皇帝时，可见商人的发展是如此之快，不难想象商人们宅邸的宏伟壮丽。

如此，开封中心街坐落许多巨大建筑的推测就无可非议了吧。开封与苏州相似？并非如此，开封有着比苏州更为傲人的都市景观。

前往开封

人口超过 100 万的开封城内，形形色色的人生交织在一起，形成了都市社会。除了众多的定居者外，还有许多怀揣梦想与野心的旅人。

在任何时代，前往都市都是一件令人兴奋的事。饱含着梦想与希望，活力四射，拥有最新的、最前沿的街道，这就是都市。

当然也会有不安。在拥挤人潮中，能否不遇到犯罪，平安地生活下去？能否在交往中不失礼于人？言语相通吗？那个时代的人从乡间前往大都市时，心间也会萦绕着不安吧。

离开都城的人形形色色。在宋代，历经长途跋涉，往开封而去的人也是各种各样。有因地方任满转职或因公造访京师的官员，有为了科举应试或者生意入京的士子、商人，还有梦想一朝获取千金而进京的人。各怀目的和理由的宋人行走在去往开封的路上。

不是所有的上京梦想都是光明的。从乡间逃荒到京城的饥民，混入大都市的失意者，一切都为都市所包容。容纳着如此多的三教九流，都市人口逐渐膨胀，于是，开封的人口超过了 100 万。为了支撑这样的人口规模，都市不停运转，使更多的人容身其间，得以生存。

历经长途跋涉，人们终于到达都城并进入其中，都市景观如前所述，庄严高耸的巨大城墙，威势迫人的巍峨城门，宫殿、官署、酒楼等高层建筑矗立在都市中心，人流不息。还有在苏州已经见过的，分布在城内各处的官署。

初次见到开封的景色，一切都是新奇的。运河，尤其是汴河中

五 都市生活的开展

帆樯如云的景象,令人惊叹。在惊讶于开封的拥挤中进了城,便会见到当时世界上屈指可数的大都会,宏伟壮丽的建筑鳞次栉比。刚在旅店放下行李的旅人,第一件事就是在城内四处逛逛。来自日本的旅人成寻也是立刻转到了宫城附近。他见到宋朝开封的宫城时的感想是"如日本皇城"[①]。

实际上,宋代宫城很小。《水浒传》中,秘密潜入禁中的宋江手下柴进感叹:"真乃人间天上。"事实上并非如此。与唐代宫城不同,开封宫城更近于小而密的日本皇城,狭小区域内几座宫殿密布其中。

从《事林广记》收录的宫殿绘图看,建筑也是密密麻麻地排列在一起。当时的皇帝和后宫便是生活在这样狭小的宫苑之中。我曾感叹过,被迫生活在北京紫禁城中的女性,该拥有如何强大的意志。而开封的宋代宫城比紫禁城更小,过度装饰,缺少自由空间。

对于这样狭小却满布宏伟建筑的空间,从绘画史的角度看,是很有趣的研究。小川裕充著有《院中の名画》(《院中名画》)。根据他的考察,在许多宫殿的墙壁上都有过往名家所绘的壁画。壁画与建筑命运与共。宫殿一改建,壁画就随之消失。因此无法对此一探究竟。但是,小川裕充从多方面考察,使得庞大且壮观的壁画全貌浮现而出。他的研究表明当时壁画的主流是风景画。

[①] 译者注:见《参天台五台山记》卷第四:"申时,还间见皇城西门,名阊阖门,北第一门也。入门向南行二町许,有第二门,名旦秋门,高楼如前。今日回皇城四面,大略八町许,如日本皇城。"成寻是日本僧人,于熙宁五年(1072)十月抵达开封,谒见宋神宗,后奉诏住开封开宝寺,并在开封度过余生。

都市化进程越快，风景画越多。人造气息浓郁的空间，反而唤起了人们对遥远上古山野生活的向往。

历代绘制者的画风各异，并且反映着各自的时代背景。《院中名画》中，宫中的壮观山水画世界是在宋代士大夫文化繁荣的背景下诞生的。董羽、巨然、郭熙，这些北宋的代表画家尽情施展画工的巨大空间已不复存在。但是，庞大浩然的山水画群的确给狭隘宫殿的内部带来宽广的感觉。

宫殿的配置和功能也是需要探究的，但宫殿探访不是此次开封访问的本意，这里就不详述了。但在日本江户城的壁画也逐渐明朗的今日，宫殿壁画仍是个引发人兴趣的问题。

开封素描

简单地描述一下开封的风俗。开封既然作为首都，自然具备政治性都市的机能，其政治机能的集中体现就是宫城。众多的官署与宫殿一起坐落在宫城之中，当然，没有纳入宫城之中的官署也很多，以宫城附近为主，散布在城内各处，还有以租房形式开设的机构。从这点上也可以看出唐宋迥然的性格。

开封生机勃勃的都市空间，基本仅指内城，因为构成开封都市的各种要素都集中在内城或是内城城墙外一带。

宫城无法容纳的官署和大相国寺、太平兴国寺等名刹，名为"界身巷"的银行街，其他还有织品店、金银铺、药店、香药店坐落的商店街和住宅街，还有繁华街道和高级住宅街，几乎都集中在城内或其周边。

尤其是宫城正面至东侧区域，集中着众多的官署、寺院、市场、剧院等，周边密布商店和银行，且大街上流动摊贩众多，类似于日本东京的日本桥至银座一带。

在这样的地方，人们对街道侵占的禁令充耳不闻，呈现出热闹非凡、活力四射的氛围与景观。

当时禁止在桥上摆摊，因为桥梁悬于空中，易受损。此外，在桥上摆摊，会造成桥梁过重而下沉，船只难以通行。但是任何时代都有这样的情况，事物的规模逐渐发展，远超出当初简单的设想。

开封也是如此。自江南输送来的物资量巨大，大致在年600万石。运输的船只如《清明上河图》中所见，相当巨大。因此就会出现图中过虹桥时的情景。我们已经见识过了。船夫们拼命下压船只，人群在桥上瞧。一旁的商贩对这样的情景视若无睹，还在卖力地做着买卖。他们只要一有机会，就会占据桥梁上的地盘。

从开封的主干道御街至天汉桥上也是这番场景。人们无视禁令，摆上了众多的摊位。从早至晚，熙攘喧闹。这样的景观，城内随处可见，内城尤为多。

开封的特征之一是东部繁华街道众多，这与满载江南物资的船只从东而来有关，船只靠岸处建仓立市，人群猬集。对宋朝而言，陆上丝绸之路的意义已不大。在北方有党项人的西夏和契丹人的辽国虎视的宋朝，更有意义的是南海贸易。船只进入中国东南的海岸线，停靠在宁波和泉州，然后再利用运河运输。因此，开封东部的繁荣便不言自明了。

经济繁荣，人口密集，造就了繁华街市，这也是符合一般规律的。繁华街市正是极为都市化的存在，闹市方才显出都市浮华。正如东京的颜面，过去是浅草，如今为新宿。展现开封真正面貌的正是闹市，当时称为瓦子，其他还有瓦、瓦市、瓦舍等称谓，人们来时如瓦聚般拥挤，散场时如碎瓦一般，故而得名瓦子[①]。但是，这种说法似乎有些牵强附会，增井经夫认为"瓦"可能来自于外语。开封瓦子繁多，宋以降迅速发展的平民文化便是以此为舞台，孕育而生。

妓馆是开封另一个显著特征。当时都市中的娼妓之多，引人注目，马可·波罗也记载元大都中有 25000 名妓女。宋代有官妓与私妓之分。南宋时期的史料《梦粱录》中列举了成为名妓的条件与 11 名官妓、23 名私妓。她们歌咏词作，不时出席富家宴会。当时妓女们已经被组织化管理，除总监督外，每百人、千人，各设监督一名。[②]

关于唐宋妓女及其社会关系，仅有岸边成雄的相关研究，整体性的研究很不充分，但也可知开封城中有着数所妓馆，充斥着诱惑的气息。

开封与节庆

节庆为都市增华，国家是正式节庆中仪式的主持者。无仪式不成国家，都市作为仪式举行的会场，具有重要的意义。

中国皇帝，作为天子君临天下，为此要举行各种仪式，尤为重要的是祭祀天地。

[①] 译者注：见《梦粱录》卷一九："瓦舍者，谓其'来时瓦合，去时瓦解'之义，易聚易散也。"

[②] 译者注：见《梦粱录》卷二〇《妓乐》。

五　都市生活的开展

　　此外还有其他各种祭典和仪式，比如祭祖与其他国家必要的仪式，外国使节的接待也是其中之一。从这个意义上说，皇帝就是为传统仪式而存在的。宋王朝的一系列仪式是在开封进行的，可以说，开封是为节庆存在的剧场。

　　关于开封的都市仪式性，梅原郁有详细研究，他从王朝举行的仪式来讨论开封的仪式性。据他的研究，开封的主干道上行进着壮丽华美的队伍，从宫城笔直延伸的御街是王朝节庆的会场，作用类似于日本歌舞伎中的花道。①

　　但是，不要忘记，王朝举行的仪式具有公私两面性，无论多么大公无私的皇帝与其宗族，也有日常私生活。过去，唐高宗想迎娶父亲的妃嫔，遭到群臣集体反对，高宗询问李勣，他圆滑地回答："此乃陛下家事。"②这便是则天皇后登场时的故事。也就是说，我们必须知晓国家仪式的公私两面性。

　　与此相反，也有本来是民间节庆，由于国家的参与，使其带上了公的特性而发生性质变化，益发兴盛的。节庆由私转公，这种由统治者意志，从一般性事物升华为盛大且重要事物的例子，在历史上很常见，三国时代的英雄关羽就是典型，他的忠义与品德为王朝所喜，最终获称"关帝"的尊号。

　　还有一点，铭刻在中国人心中的风俗习惯，比如日常祭祀与每年例行的节日，类似正月和七夕等节日，普通家庭也会进行庆祝

---

① 译者注：花道指的是日本歌舞伎表演中从客席一直延伸至舞台的道路，主要用于演员的登场和退场。原本为客人送给演员祝仪（钱或礼物）的道路，歌舞伎称祝仪为"花"，因此得名"花道"。
② 译者注：见《旧唐书》卷八〇："勣对曰：'此乃陛下家事，不合问外人。'"

二层酒楼（《清明上河图》，装饰为酒楼独有）

和祭祀。日本人对于此类事物很感兴趣，北京的祭典也曾被引入介绍过。北宋繁盛的节日庆典被记录于《东京梦华录》中。当时民间每年例行的节日庆典，连皇室也会参加。百姓喜爱的节日，同样受到了万民中心皇室的喜爱。皇室的参与，使得百姓的节日更为盛大，被提升为大型庆典，都市成为了庆典举办的极佳之所。

通过这样对节日的介绍，开封的市民生活也变得更加鲜明。

五　都市生活的开展

元宵之夜

开封每年有着各类例行的节庆，每一个都使得市民兴致高涨，这里从中选取几个来介绍。比如《水浒传》中梁山首领宋江想去看的正月十五元宵会。红彤彤的灯笼不断亮起，无比热闹，元宵节尤以热闹闻名。繁华的节日庆典中，一片欢潮，恋情也在其中萌发。极富宋代小说色彩的《熊龙峰四种小说》中，发生在元宵灯会的是《张生彩鸾灯传》[1]。故事起于张生看灯途中，拾到一方红绡帕子，帕角系香囊一枚。在这般热闹中，我们也与宋江同行，来观赏开封的节日庆典吧。

《水浒传》中描写了开封元宵节"鼓乐喧天，灯火凝眸"的样子。这样的景象在《东京梦华录》中记载得更为详细。据记载，从冬至的前一天起就要搭建山棚，游人已经蜂拥而至。

御街最为热闹，表演众多。唱戏的、变戏法的、耍杂耍的，艺人尽数登场竞技。既有耍猴，又有口技；既有乐器演奏，又有杂耍表演；还能看到虫艺及其他诸类精湛表演。

表演种类多样，有杂剧、小曲、木偶戏、杂耍诸类，还有皮影和说书。《东京梦华录》中记载了这些艺人的名字，应该都是当时都城闻名的艺人。

值得注意的是，当时开封有着众多的知名艺人，大家所熟知的是约在神宗时期，因影射王安石而知名的艺人丁仙现。但北宋末也

---

[1] 译者注：见清平山堂话本《熊龙峰四种小说》。《张生彩鸾灯传》讲述了张生在元宵节观灯时与刘素香相识相爱，相约私奔，虽一度失散但最终破镜重圆的圆满故事。

应为北宋当红女艺人丁都赛绘像（《文物》1980年第2期）

有众多留下姓名的艺人，他们使得节日气氛热烈高涨，还有像丁都赛这样的女艺人留下了画像。这些表演异常受欢迎，甚至有一大早赶去观看都无法入场的情况。每逢京城佳节，就是这些知名艺者全体出动竞技之时，这也是一件赏心乐事。

在诸多表演中，尤其受欢迎的是说书、讲故事一类，即所谓"说话"。"说话"种类繁多，讲述内容有历史、传说、佛教故事。南宋临安的"说话"虽更为有名，但开封也有众多的"说话"艺人和他们的听众。哪怕是在街角都有说书人讲着各种故事，当然也有在剧场表演的，但街角说书人更为亲切，吸引人吧。《清明上河图》中也描绘了街头"说话"表演的场景。

《清明上河图》中，酒楼旁的馒头铺前，说书人似在讲着什么故事。北宋时期，讲《水浒传》是不可能的，与其说是说书内容，不如说是当时的事件。属于传说故事还是历史故事呢？当时的传说故事应该有《西游记》的前身《大唐三藏取经记》，有趣且有价值的故事。历史故事应该有《五代史》，此时流行讲北宋建国前的五代故事。南宋时，还有人在皇帝面前说话。①

---

① 译者注：见《武林旧事》卷六《诸色伎艺人》，《梦粱录》卷二〇《小说讲经史》均注有御前说话人。

五　都市生活的开展

馒头铺前表演的说书人（《清明上河图》）

说话这门在宋代萌芽的表演艺术，经元传至明代，甚至渡海传至日本，成了江户时期文化舞台的支柱，其根源便是宋时这般的街角说话。

话说回来，虫艺是日本人所陌生的，我在日本没有听说过这种表演。虽然日本有斗女郎蜘蛛、斗虫鸣，但并非一种表演，但是，中国曾进行这样的虫艺表演。至明代，似乎有将蚂蚁分为两队，互相攻伐的表演[①]，宋代应该也同样存在，对此尚不甚明晰。

还有让青蛙和乌龟进行表演的，据南宋周密记载，称为"水嬉"。大盆中满贮水，敲小铜锣，一呼盆中龟、鳖之名，它们即浮上水面，

---

① 译者注：即"蚂蚁角武"，流行于明代杭州，见《西湖游览志余》卷一九："练细蚁黄、黑二种，各有大者，为之将领，插旗为号。一鼓对垒，再鼓交战，三鼓分兵，四鼓偃旗归穴矣。"

头戴道具起舞，舞完后再沉入水中。虽然并非什么大事，但也令人佩服其训练超绝。①元代陶宗仪《辍耕录》一书中也记载了水嬉，他感叹"固教习之功……诚难矣哉"。

陶宗仪看到的表演中有更为精湛的内容。体型从小到大的七只乌龟，听从鼓声指挥，最大的乌龟在下，从大到小重叠成塔，这正是老龟驮小龟的表演，最上面的小龟尾巴向上竖起，称为"乌龟叠塔"。除此之外，还有大蛤蟆蹲坐台上，其他八只小蛤蟆，各四只分列大蛤蟆左右，大蛤蟆一鸣叫，其他八只蛤蟆也应声鸣叫。之后，从小到大，逐一上前行礼退下，称为"蛤蟆说法"。②实在是滑稽有趣。

元宵节以灯笼照明，宫城上数万灯笼摇曳，宛如万灯会。都市中，短时间就能有如此规模的灯光，必须考虑其背后建立的支援体系。

至宋代，商业经济显著发展，全国范围内都产生了地方特产，且又经遍布全国的交通网络集中于都城开封。当时向开封送货的产地达数千之多，负责向商人征税的商务所，在稍前的神宗熙宁年间有1793所。元宵节夜晚的灯光，也是反映当时中国经济实力的证据。

中国此时也已确立了许多一年中的固定活动与仪式。翻阅《东京梦华录》，种种节日活动与仪式记载其间，从中可窥见，从正月开始，一年中各时节都有节日，扫墓的清明节和日本也盛行的七夕节是其中的代表，每逢此时，市民都会沉醉于热闹的节日庆祝中。

---

① 译者注：见《癸辛杂识》后集《故都戏事》："呈水嬉者，以髹漆大斛满贮水，以小铜锣为节，凡龟、鳖、鳅、鱼皆以名呼之，即浮水面，戴戏具而舞。舞罢即沉，别复呼其他，次第呈伎焉。"
② 译者注：见《南村辍耕录》卷二三《禽戏》。

五　都市生活的开展

节日夜晚

　　都市之所以为都市，就是因为有着夜晚的景观。农村房屋稀落，人口也少，只要不是节日或是有什么特别的事情，就不必期望夜间明亮和人众喧闹。相比之下，都市的夜晚灯火通明，店铺至深夜仍点亮灯火，人来人往，这才是都市的风貌。如前所述，这样的景观大规模出现，是自宋代开始。宋代都市中，开始出现夜间营业的店铺，其间可见人们闲逛的身影，这种夜间营业的店铺叫作夜市。

　　夜市未必是宋代才有的都市景观，在唐代长安就已出现。唐代坊门关闭之后，各坊内的交易仍在继续。尽管人们是不自由的，但仍享受夜晚的都市生活。

　　但是，宋代的夜生活与唐代有着根本意义上的不同。进入宋代后，坊墙被拆除，人们涌向大街，在大街上设立夜市，与过去封闭的夜市截然不同。

　　开封的夜市，如今也很有名。与宋代马行街名称相近的马道街上商铺林立，有书店、家具店，大多是餐饮店。我也在马道街上逛了逛，买了书和葵花籽等。

　　回想起来，当时我买了串烤肉，边走边吃，突然回头一看，烤肉店的年轻人跟过来了。我站在家具店门口回头看，他也站在我旁边。他为什么跟过来？在全然不明中我吃完了烤肉，他静静地拍了拍我的肩膀。我这才明白，是要我把烤肉签子还回去。我就这么拿着烤串走出了店里，纯真的他不好意思开口让我把签子还回去，只能跟过来等我吃完。他对我这个外国游客非常客气，真是令人怀念的回忆。

下面就让我们一起漫步开封节日的夜晚，与秘密潜入的梁山好汉宋江一伙同行。水泊梁山宋江等人的故事详见《水浒传》，故事是以北宋末发生的起义为基础创作的，随着时间的推移，故事不断增衍，最终形成了长篇小说。关于此，详见宫崎市定的一系列宋江研究。

若要详叙《水浒传》的成书过程，则偏离了本书的主旨，因此暂且割爱不予多谈。《水浒传》中有许多以开封为代表的都市记述。当然，《水浒传》成书于后世，因此不能完全反映宋代开封的样子，但是，其中许多与《东京梦华录》相通，宋江一行游览开封的路线中值得一看的很多，因此就让我们跟在他们后面参观开封的夜晚吧。

宋江起意要访开封是为了游览元宵庆典。120回本《水浒传》的第72回中，宋江、柴进、史进、穆弘、鲁智深、武松、朱仝、刘唐、李逵、燕青外出，第81回中戴宗、燕青外出，对开封面貌的描写极为详细。元宵节是极为盛大的节日，连梁山好汉们都忍不住想出门一览。

宋江一行住在万寿门外，事实上，开封没有万寿门，应该是开封西侧万胜门的误写。第二日，宋江他们又从方向完全不同的北侧封丘门进入，毫无逻辑。从梁山泊到万胜门，是绕远路，但如果他们住处指的是与封丘门同在北侧的酸枣门内万寿观一带，方向又变得很奇怪。原本《水浒传》中的地理感觉就相当奇怪，一些部分可以说是一派胡言，在这方面，很难把小说作为史料使用。

虽然有些许疑问，但还是先跟着他们走吧。柴进、燕青二人先行出门探查，他们穿过城门，行至御街，沿御街行至东华门，这是一条由西向东的路线。前面已介绍过，这一带是开封最繁华的街道，最热闹的地方，酒楼茶房繁多。柴进与燕青进了其中一家酒楼，在二楼眺望皇宫。

开封酒楼多达72座，一些酒楼还有许多分店，称为脚店，兼营饭店的酒楼也很多。既有如白矾楼般的大型酒楼，也有仅供小酌一杯的小酒肆，实在是种类繁多。一流的酒楼门前以彩绢装饰，夜幕降临，一派不夜城景象。店内长廊蜿蜒，有盛装妓女数百待客。住在这种一流酒楼，一次就要花销银子100两。

虽然贵，但贵有贵的道理。有京城第一之称的白矾楼在新装修开业之际，非常豪奢地奖励先到者金旗；平日酒客超过千人，一流酒楼的餐具都是银制品，真的是非常奢侈。在仁和店与会仙楼正店等处，二人对饮时，银质餐具重达百两。开封人侈靡，喜好银器，连送外卖都是用银器。

酒楼的伙计训练有素，客人一到就拿来了筷子和纸，询问点单。客人点菜后，伙计唱念一遍，通知掌案厨师。不久，菜肴就送来了。伙计左手挟三碗，右臂至肩驮叠二十碗，本事了得。这是一个非常有意思的场景。伙计拿来的纸是做什么用的呢？用来写客人的点餐吗？还是餐巾？这是我比较想知道的。

我很早就想了解当时平民的识字情况如何，但至今一无所知。对于都市居民而言，识字是十分重要的。那么，都市之中有多少人是识字的呢？识字者的识字量又是多少呢？相关问题非常多。虽然最低的识字要求是3000个，但我觉得还是太多了。商人的话，必须要记住交易对象、经营物品以及会计算。伙计的话，必须认识菜单，会计算下单数量和价格，即读写计算。这种程度的话，感觉并不需要认识3000字。

大土地所有制与商品经济的发展，加上沉重的赋税，导致许多人离开农村，都市就是他们的落脚点之一。都市中总能找到工作：拉车、看仓库、掏粪和清灰，还有做小买卖，当铁匠或木匠的帮工。但是，在都市定居，想要获得少许地位的上升，就必须要识字。虽然去城市能找到工作，但想找到收入丰厚的工作，知识是必须的，这就一定要会识文断字。

都市虽然会吸收所有的一切，但都市也会自行作出筛选。平民想要过更好的生活，要去哪里学习专门的知识呢？不难想象，许多人就是因为没有这样的学习机会，沉沦在贫民窟中。

翌日，从封丘门混入的宋江与同伴一起朝马行街而去。大概走了两公里，到达旧酸枣门。沿途有相国寺庄园，杀人后出家的鲁智深曾在这里当过执事僧，所到之处都惹是生非的他在这里看管菜园。他就是在此结识了来菜园旁东岳庙上香的林冲，之后便是剧情事件和他们的落草。

这一带医者、药商众多，此外还有香料店、官员宅舍，是相当高级的住宅街区。入夜，马行街车马阗溢。

宋江一行穿过马行街。这也是一条繁华街道。大街上有售丝绸、珍珠、香料、药品等物品的店铺，店内摆放桌凳，迎客做生意。中国的丝绸自不必说，香料也是重要的商品，通过南海贸易，香料量激增，宋王朝的国家财政从中获利颇丰。

香料已经进入百姓的生活，胡椒在百姓生活中的使用，可见于烹饪指南中[①]。这样看的话，这附近也是富裕者众多的区域。

---

① 译者注：见《吴氏中馈录·蟹生》："用生蟹剁碎，以麻油先熬熟，冷，并草果、茴香、砂仁、花椒末、水姜、胡椒俱为末，再加葱、盐、醋共十味，入蟹内拌匀，即时可食。"

五　都市生活的开展

但是就此推断这些香料店是高层且宏伟壮丽的建筑，未免过于草率。《清明上河图》中虽然绘有大型香料店，但绝不是二层建筑。

宋江带着同伴进了马行街的高级饭馆。当时的名妓李师师就住在这所店中，她受到了喜爱游乐的风流天子宋徽宗的偏爱，当时京城内四处传闻徽宗和李师师的关系。还有这样的传闻记载，皇宫和李师师的居所之间有地道，皇帝可以随时与她幽会。皇帝与闾巷妓女的故事，这不就是电影《会议在跳舞》[①]吗。不过，这一桩逸闻到底反映的是宋代社会的平民性，还是其社会的成熟性呢？

宋江之后去了潘楼街，这也是一条繁华街道，茶肆鳞次，他在这里与同伴汇合后就回去了。翌日，他仍是同样的路线去找李师师，在终于见到皇帝的时候，李逵照例胡闹起来，宋江的计划终成泡影。

宋江在大酒楼中饮酒，李逵并不在场，作为剧中另一个受欢迎的平民角色，李逵是在便宜又轻松的酒馆里喝酒。在开封，有许多能够纾解百姓一日之劳的轻松酒馆。叮叮当当地丢出数十枚铜钱，在归家途中小酌一杯，可能已成为百姓日常生活的一部分。

即便是这样的酒馆也是分工明确，各司其职，厨师称为茶饭量酒博士。当时社会也同今天一样，可以看到街上有叫某某博士的。店里的小伙计称为大伯，女服务员称为焌糟，她们腰系青花布手巾，绾着高髻，负责招待客人。

饮酒时有许多侍候的人。被称为厮波的人负责斟酒夹菜，最后

[①] 译者注：1931 年德国电影 *Der Kongreß tanzt*，中文名"会议在跳舞"或"国会舞曲"。女主店员为招揽生意，在维也纳会议期间，给每位君主抛一束玫瑰花。当俄国沙皇到达维也纳后，二人之间就此展开了一段跨越身份鸿沟的爱情故事。

有大型门面的香料店（《清明上河图》）

获取客人的小费。注意，下等妓女会不请自来，献歌一曲，强要小费后才肯离去。

　　饮酒的时候必须留神提防。会有人从外面进来，走到酒席前，将香药、水果置于酒桌上，强卖给人，敲诈钱财后离开。一流的酒楼是不会放这些人进店的，但这种人到处都是，醉过头的话就会遭到敲诈。

更便宜的店也有。十文钱左右便可得酒一杯，小菜一碟，一解愁闷。用饭也不只有小菜佐餐，还有地方可以痛快地吃上热馄饨。这样的描写在《水浒传》中随处可见，《清明上河图》中也有出现。开封喧闹的夜晚就此过去。

据《东京梦华录》推测，这样喧闹的夜晚并不只属于节日，也并非什么特别的光景，只是日常景象。当然，节日的晚上会比平常更加热闹，这也是当时百姓难得的片刻轻松娱乐吧。

军队游行

开封节日之际，陶醉的不仅是游人，市民也沉醉其中，在参加宫廷活动时，其狂热益发高涨。身为天子的皇帝也会参加各时节的活动。正月元旦朝会、祭天、宫中祭典，皇帝忙于祭祀，祈祷天地万物繁荣与农作物丰收。这在金国意外地难得一见，因为女真是游牧民族，狩猎才是其传统。在意想不到之处也可见民族本质。

皇帝的参与，伴随着盛大的军事游行，军士身着华丽铠甲，配合着军乐队的曲调迈步游行。宫中的仪式是作为都城的一大庆典来开展的。

《东京梦华录》中所见开封节日，除了正月宫中仪式和军事游行外，还有皇帝生日庆典、斋宿等各种各样的仪式活动。每逢此时，就会有军队与军乐队游行，还有皇族队伍。这些都让市民乐在其中。

提到都市的庆典和祭祀，日本京都有町众祭，织田信长举办过俗称"马揃"的阅兵式。西欧也有各种各样的游行。关于中国庆典的事例，虽然留下了丰富的史料，但由于研究者兴趣的不同，似乎没有被正面研究过。凭史料就可以想象，在宋代都城，节日和军事游行时，盛大华丽的队伍绵延不绝的情景。

特别是国家祭祀天地的游行时，按梅原郁尝试复原的结果，队伍多达两万人。这种研究揭示了作为装置的都市的作用，但中国学者更关心的是对都市结构的阐明，对现象层面的研究稍有忽视。虽然研究不够充分，但还是来试着简单描绘下当时的风景吧。

宋朝称不上是军事强国，虽然宋朝是终结唐末以来混乱的统一国家，但总体来说，它是一个军事上较为弱势的国家。

中国历代统一王朝大多称为帝国，然而，宋朝只被称为王朝。尽管宋也是一个统治者称皇帝、官僚制度完备、君主专制不可动摇的国家，但可以称秦帝国、汉帝国、唐帝国，而不能称宋帝国。宋朝的专制体制虽完善，但士大夫们可以自由议论，平民文化发达，给人不似帝国的印象，更何况它短于军事。

宋朝以唐末五代的混乱及混乱的主角军人为鉴，改革了军制。抑制武人，进用文臣，军事方面的制御也委以文官，军队采用募兵制，结果便是军队的弱化。在军队中谋生者作战畏死，年老也不愿退伍，软弱的军队无法应对宋朝周边民族的壮大。因此，只得增加军队人数，但是，弱兵招募得再多，也起不了作用。

宋朝虽然统一了中国，但没有统一全部领土。北方，现在的北京一带被辽国掌握，西部受西夏控制。后来金国取代辽国，夺取华北，宋室南迁；最后，宋朝又被元朝所灭。宋朝实在是一个饱受北方民族之苦的朝代。故此宋朝虽然是一个内在高能量的国家，却给予我们弱小的印象。

但威严的军队还是存在的，大致分为两类，名为禁军与厢军，禁军是正规军，厢军是杂役军。国防以正规军禁军为核心，《水浒传》中出现的八十万禁军即指此。《水浒传》中也出现了军队接受检阅和武术比试的场面，这些都是真实存在的。士兵们身着华丽铠甲，参加游行。

仪式的准备极为用心。三年一度的大礼时，要花两个月反复彩排，这时候的游行队伍超过两万人，旌旗蔽日，军容整肃，列队行进，最前方有大象开道。京城大道上，这样的队伍行进的场面，应该是一种难以想象的壮美。

这类游行的构成与今天并没有大的区别，都充满华丽的衣裳与音乐。原本国家就有主持仪式的要素。大胆地说，国家之所以为国家，就是在于如何完成仪式，于是它就被公式化了。特别是在都市活动中，仪式益发向公式化发展，然后用音乐来烘托。

即便在今天，日本的港祭与银座祭还有华丽的鼓笛队。参与者有少男少女、警察与消防厅人员，甚至还有自卫队这类组织的人。由曾为组织统管的人们来奏乐，将活动推向盛大的高潮。中世纪都市也是如此。

在帝都开封，除前已述的正式例行仪式外，还有其他仪式活动。宫廷的传统仪式、皇太子成婚仪式、欢迎外国使臣的宴会。此外，也有以普通人为中心的节日。这些时候，音乐都是必不可少的。

音乐古来就是中国礼乐文化的重要内容之一，有着严格细致的规定。政府设有专门从事音乐演奏的职位，在国家重要仪式活动中，烘托气氛。这时演出的是朝廷的直属乐队与军乐队，与日本宫内厅雅乐部的职能基本相同。顺便一提，朝廷直属的宫廷乐舞教育机构称为教坊，人员通常从民间募集，为仪式进行训练，北宋末被废止。

军队内常有乐队，宋代军队也是如此。军乐队被称为钧容直。他们活跃于军队与宫廷的仪式活动之时。每十日一休的时候，他们就会在空地上，与教坊一起练习演奏，普通人可以观看。宋王朝行事也是颇有情趣。

每逢此时，女子与孩童群集观赏，小贩向他们兜售糖、水果等物。在路旁边享用点心，边欣赏军乐队演奏，真是高雅。

唐玄宗欣赏的是宫廷的专属乐团，氛围有些许不同。也许这就是宋王朝展现出的平民性吧。顺带一提，日本歌舞伎界的"梨园"一称，仿照的就是唐玄宗的管弦乐队——"皇帝梨园弟子"。

真正发挥军乐队价值的是军队游行与正式仪式活动。他们活跃于春天的阅兵式等场合。除此之外，还有皇帝的出巡，他们立于队伍之前演奏。正月十四日皇帝行幸五岳观，诸军的骑马队也与教坊、军乐队一同奏乐。广场上的练习正是为了此刻。

但是，军乐队活跃的场合并不仅限于正式仪式活动。他们也会参加节日庆典，进行公开演奏。宋江漫步元宵灯会之时，教坊与军乐队也在进行着表演。在盛装丛立的禁卫军中间，添上了艺人的演奏。

五　都市生活的开展

军事演习

如阿兰[①]所说，我认为军队游行是十分具备美感的事情。军士身着绚丽的制服，迈着整齐的步伐行进，这一点，即便是兵力羸弱的宋朝也一样。即便是难以抵御外敌的军队，在对内统治中也可以发挥强大的力量。

在气派煊赫的帝都开封中，外国使节往来与宫中仪式等正式活动频繁。各季节都有盛大的节日，市民们尽在此时喧闹，军队游行将这样的活动气氛推上了更高潮。《水浒传》中，宋江等人接受皇帝招安后参加了游行，场面更加火热。不管怎么说，游行之所以如此引人注目，还是因为皇帝的御驾亲临。

皇帝的出行既华丽又严肃。身着华美制服的军人游行，使得节日的氛围异常热烈。在每三年举行一次的祭天活动之时，与仪仗兵一同行进的，是七头装扮过的大象，这一场景十分引人注目，使得节日的气氛更为热闹。

每遇大事，开封街上就会举行军队游行。军事演习是其中最为盛大的，每年三月二十日，在都城西的金明池和琼林苑举行。诸禁军班直头簪花，身披金线锦袍，系金带，列于天子之前。光想象就觉得很华丽。

皇帝先至金明池检阅军队。北宋建国初就传闻，太祖皇帝在金明池宴请麾下将领，借闲聊要求他们上交兵权，这里也被用来操练

[①] 译者注：阿兰（1868—1951），本名埃米尔-奥古斯特·沙尔捷（Emile-Auguste Chartier），阿兰为其笔名。法国哲学家、作家、和平主义者，代表作有《幸福散论》《艺术体系》等。

水军。

军事演习时,首先举行宴会。仪仗兵立于御殿之前,仪容端正、身姿威严。宴会上各类表演层出不穷,军船上挂满旗帜作为装饰,表演便是在其上进行的。音乐、杂耍,有时还有木偶戏和戏剧。表演结束后,军船行进,进行操练。所有军船都装扮得绚丽夺目,船上将领与军士仪容端正,进行演习。

操练包括了军船行进、小船拖曳大船、分东西两阵营模拟交战等诸多内容,演习最后以两军争标夺彩告终。水军操练结束,皇帝离开后,金明池会向民众开放。上流人士放舟池中,与身边的艺人一同享乐,似乎还有面向平民的船只租赁生意。

水军阅兵结束后,皇帝移驾琼林苑,在陆上阅兵。琼林苑周围是被苍翠的虬松古柏围绕的园林与酒家,其中还有汇集了全国珍稀花卉的园林,也是一个极佳的游览地。平时也会举行陆上预演,不过人们可以在附近大街上击球行乐,但宫殿平时禁人出入。

行幸此处宫殿的皇帝观看诸军的演习。仅从记载看,与其说是军事演习与阅兵式,不如说是表演更合适。军士和乐摇旗,挥舞兵器,分为两个阵营交战,姑且具备军演之形。

当时已经有运用火药的演习,但是从演习者假面散发、表演从口中喷火的记载看,非常令人疑惑,宛如廉价的历史剧一般。除此之外,还有奇怪装扮的人作打倒敌人的表演,这种充其量只能被当作表演的演习稍有些多了。在金国进犯、危如累卵之际,宋朝听从进言,组建了奇怪的咒术军队来应对,根本毫无用处。这些演习除了表面的新鲜外,内里潜藏的仍是陈旧的东西。

还有如游牧民族般的骑马表演,不仅是军人,宫廷的女官与宦官也可以进行表演。最后是衣饰华丽、身跨雕鞍花鞴驴子的球赛，是参与总人数100人左右的一种马球。这样的娱乐活动后，皇帝移驾射殿。

皇帝在射殿射弓，射出的箭矢如中靶，则会引来众人欢呼，实在是虚假的演习。此外，还有接住射出箭矢的表演，宛如武侠小说般的感觉。

这样的操练阅兵结束后，皇帝回宫，并给随行臣僚赐花，大家簪花而还，真是风雅的景致。

此外，在这个月中，诸军似乎还要在郊外演习。如冬至后第105日的寒食节，寒食之后为清明节，这个期间要外出扫墓。此时除了寺院举行的仪式外，也举行军事游行。人们外出之时，四野如市，表演纷呈，此时军乐队使得气氛热烈高涨。不管怎么说，皇帝出席的演习必定是华丽盛大的。

时值春日，水暖花开，鸟亦鸣歌。天气渐暖，街上的叫卖声也嘹亮了起来，人们开始出游，此时举行的华丽军演成为人们最佳的话题。这正是朝廷为民众提供的节日庆典，节日也是当时的都市景观。

宋朝常被指摘为文治国家，正如前文所述，宋朝重用文臣之风和军队的羸弱促成了这一印象。但是细看之下，军队参与的事务意外地多，在国家活动中更是如此，可以想象节日中军队的大举出动。宫中的正式活动、军事游行之时，军乐队当然也会出动演奏。军乐队站在衣饰华美的军队游行队伍的最前列，使得氛围更加热烈。但是，我感兴趣的是，朝廷直属的军乐队连市民的节日都会参加，进行表演。

朝廷机构参与的话，是否能认为节庆看似是都市居民为主体，实际上朝廷在遵循传统进行组织？还是看似按照传统开展，实际上节日中微妙地反映出居民的意向，政府也不得不参与其中吗？除了仔细观察宋代活动的真实情况外，也必须观察参与其中的国家的本质。军事游行和军乐队演出的意义有必要深入思考。

总之，在街上欣赏军乐队表演一事本身，给予人该时代明朗开放的印象，但实际上宋代宫廷规模狭隘，连官舍都有租借的，这也让本该贯彻强力统治的宋王朝给人以开放之感。虽然是专制君主时代，但可能并非如我们所认为的那般闭塞、拘束，有必要对都市中生活的表演者们再进行研究。

六　都市的 24 小时

开封的早晨

节日结束后,总要回归日常生活。开封人的日常生活又是如何进行的呢?让我们去一探究竟吧。

开封街市的早晨开始得很早,每天早上五更,现在的3点,被称为"报晓头陀"的僧人敲击名为铁牌子的铁牌或木鱼,四处巡行报晓。早晨便开始了。

夜间关闭的各城门一同开启,远来欲入城者、外出旅行者,在城门口嘈杂一片;还有自附近而来、进城做买卖的人,他们在城门口大排长龙,一直持续到天亮。

但是,开封的夜晚结束得也很迟,前夜的营业一直持续到三更,人们皆在蠢蠢欲动,开封沉寂的时间不过数小时。从唐代至宋代,由都市制度变化而产生的最大改变就是这样的夜间景观,对此已不必赘述。宵禁取消、坊制崩溃,夜间自由外出的巨大影响,从上述诸多方面都可以感受到。人们从清晨到深夜,都在忙于生意。

在一大早就开始活动的都城中,最早活跃的还是商人。城内,市场开市,街市中到处都人潮拥挤。与此同时,各种各样的店铺也开始了买卖,大都是食肆、粥铺、点心店,连酒肆都有在这个点开门的。早餐摊陆续出摊,街道中可以听到各种各样的叫卖声。

开门的不仅是食肆,还有走街串巷卖洗脸水和饮用热水的。开封水质恶劣。据记载,明代时,旧宫城内之外的水都已经不堪饮用。[①]

[①] 译者注:明代时多有人述及开封水质苦恶、良井难得,所见记载有《汴京遗迹志》卷九:"洪武末,河水入城,水皆咸苦,饮之者,多感泻痢之疾。"卷一四:"其四隅斥卤水……汴之为水也,出城则甘。"

《清明上河图》中就绘有水井。虽然与江南见到的结构不同,但确实是水井。然而从记载看,开封的水井肯定不足以供城内众多居民使用。总之,开封的街市从天亮起就喧闹不歇,人潮熙攘直至日头高起。

城内各处热闹繁华,但首屈一指的还是潘楼街。这里是靠近宫城的繁华地段,店铺林立,还有银行街、剧场街,形形色色的市场等,众多的都市性事物集中于此,是开封城中最热闹繁华的所在。潘楼街还是一处岔路口,能通往四面八方。宋江直奔潘楼街而去,并非仅因它是开封最繁华的街道,更因为这里地处都市中心,得地利之便。

潘楼街附近有宫殿、官厅街,还有商店街和烟花巷。往南去是大寺院——相国寺,运送江南物资至开封的船只可以行至相国寺一带,可能是因为从这里比较方便去往开封城中各处街市。在《水浒传》中出场的杨志就是在这一带街市中徘徊卖刀,杨志站在天汉桥上无人问津,随后持刀与人起了争执,将对方杀死,最终开始流浪。横跨汴河的天汉桥一带不仅从一大早就人山人海,还有着很好的地理条件,靠近繁华街道和市场。从这个意义上说,这里称得上是最能代表开封的地方。

潘楼街得名于潘楼酒店,酒店下,每日天亮后,衣服、书画、古董等纷纷开始交易,食肆也开门了,潘楼街一带食肆尤其多。亚洲都市的特征之一就是有很多小摊,这样的景观宋代都市也能看到。在中国旅行时,我一早就挤入拥挤人群中闲逛。中国的市场特别有趣,有从附近农村过来卖蔬、果、鱼等物的,有售卖肉类的,目之所及,万般风景。都市的早晨就始于这样人潮拥挤的景象之中。

由潘楼街往东走，至一十字路口，这里被称为土市子或竹竿市。这里似乎以七夕的热闹闻名，还有被绘制成画的记载[①]，惜今不存。

简单介绍一下七夕，虽然七夕是相当重要的节日，但其本质现在尚不十分清楚。七夕传说是天上织女与地上牛郎相遇后离别的悲伤故事，因此触动人们的心弦，但是这实际上是个内含许多意味的故事。比如在天上穿经走纬、捣弄机杼的织女，是一位织就人世命运的女性，她织出的织物暗示着人世变化无常。纺织通常是女性的工作，因此这个故事对宋代女性也有着很大意义，宋代的七夕节非常盛大。最近在日本，七夕逐渐变为商业主义优先的节日。但开封市民在七夕节都会尽心装扮。

被称为"磨喝乐"的人偶在七夕售卖。磨喝乐放置于雕木彩装小栏座上，施以各种装饰，高价的磨喝乐一对值数千文。

街市也进行了一番装扮。车马盈市，热闹更甚，人人折未开荷花以为饰。上层家庭在庭院中建彩楼，称为"乞巧楼"，上面陈列磨喝乐、鲜花、瓜果、笔砚、针线。男子作诗，女子准备手工作品祈拜，谓之"乞巧"。可以肯定的是，日本的七夕受到了中国很大的影响。回想起来，日本七夕不也是在竹叶上书写愿望吗。

特别是女性会在七夕祈求女红进步。七夕时节，女子望月穿针，或是将小蜘蛛放入匣中，翌日开启，如果蜘蛛结网圆正，就称之为"得巧"。

接下来，再往东走，又到了一个大型的十字路口。这里也是五更时分开市，所售有衣服、书画、首饰之类。这里的交易在天亮时结

---

① 译者注：见《宋朝名画评》卷一："燕文贵……尝画《七夕夜市图》，自安业界北头向东至潘楼竹木市尽存。"

束，因此人们称这个市场为"鬼市子"，也就是"幽灵市场"。此市趁夜开市，日出而终，因此才得名"鬼市子"。虽然不免觉得奇怪，但却是一个相当有意思的称呼，是商业交易自拂晓就开始的证据。

再往东走就是高级住宅街。深宅大院与庙宇林立，皇后的宅邸也坐落在这一带，其间也有店铺。这里布满宏伟壮丽的建筑，之所以推测附近有宅邸，是因为直走入内城之后设有茶肆，据载有良家女子曾于此出入，她们能够徘徊于此，或许是因为有宅邸建于此处。

不过，良家女子是否能出入茶肆，实际是不清楚的。或许，那只是留下记录的都城游人孟元老，为了结识年轻女子而随意悠游的店铺而已。虽然有女子出入茶肆，但也可能是附近的不良少女，总觉得跟今日的风俗一样。

食品店

街道上，来采购肉、蔬菜、水产等当日食品的人络绎不绝，尤其是在都市中心，不光是早市，在早市结束后，出售精心制作的小吃、餐后甜点的店铺也开门了，卖的好像是甜糕点与蜜糖之类的。

食物的种类在此时已经相当丰富，五花八门的食材陈列于店前。豆腐与面之类虽然在此前的唐、五代时期就已经上了餐桌，但是记载中的食物对应的是现在哪种，很多都不清楚。

虽然还是一大清早，但是已经有酒肆营业了，一人20文。地近大街与官厅街，虽然有供应早归者的茶肆，但还是喝酒更为有趣。总之，百业开门，招揽客人。

生意当然不只有这些，还有从外面运鱼来卖的鱼贩。可以肯定，鱼大都是从开封西侧运进来的,因为西侧地近黄河。可能也有池塘捕捞或养殖的鱼,这类淡水鱼自新郑门、西水门、万胜门运入。开封附近渔村村民则捕获黄河的鱼来京城售卖。

过去,黄河鲤鱼是开封的名肴,我曾品尝过,并听闻有开封以北鲤鱼过小,以南则过大,因此开封人所食鲤鱼最佳之语。虽然当时与众人一同因此大笑,但想必以前的开封人就是如此一边说着"开封鲤鱼第一",一边享用黄河鱼的吧。

鱼用浅抱桶装,以柳叶串起,浸于清水中。数千尾鱼运入开封街市售卖。一斤大概为600克,价值100文左右。这与陆游在黄州的购鱼价格比,相当昂贵。

陆游记载黄州购鱼"百钱可饱二十口",但是陆游似乎也觉得过于廉价,他写道:"鱼贱如土。"[1]

开封物价大致在数十文左右。州桥附近熟食店肉菜不过15文,小酒馆内下酒菜15文,馄饨一碗10文。这么看来,身怀数十文,归家途中即可小酌一杯。但是,也有极昂贵之物,时令蔬果价很贵。刚上市的茄子、瓜果等,一份价值30—50贯,即便这样的价高之物,也被后宫争相求购。竞买时令食材的不仅仅是江户时代的日本人[2],有京城第一之称的遇仙正店中,银瓶酒一角72文,羊羔酒一角81文,真是奢靡无尽。

天一亮,送肉的也出现了。担挑车载着的猪肉和羊肉上市,供

---

[1] 译者注:见《入蜀记》卷四:"鱼贱如土,百钱可饱二十口,又皆巨鱼。欲觅小鱼饲猫,不可得。"
[2] 译者注:日本江户时代的人相信刚上市的新鲜食物可以令人寿命延长七十五天,于是竞相购买刚上市的新鲜食材。

给整个开封民众的贪婪胃口，这些肉似乎是在开封城内宰杀分割的。在正对大内的南薰门，晚间会有数万头肉猪由十几人驱赶经过。

澡堂

早晨是悠闲自得，充满活力的，与这一日之始相符的是人们开始活跃地活动。

虽然说是早上，但不可大意。某男子一大早前往官署，但是还没开门，因此他去晨浴，结果倒了霉，他在澡堂遭到了袭击，一度昏了过去，醒后逃了出来，向巡逻中的官兵求救。男子与官兵折返澡堂，在搜查时，地板下发现了尚暖的尸体。据说在那家澡堂，但凡有合适的客人来，店主就会把他杀掉，然后卖掉他的肉。[1] 这真是一个荒唐透顶的故事。

刘易斯·芒福德（Lewis Mumford）在 *The City in History* 中写道，在中世纪欧洲，年轻男女为了一大早去澡堂洗澡，裸奔于街道中。在西欧，直至最近，洗澡的场景也令男性心潮澎湃。稍浏览下古代绘画，正在用餐的人旁边有一个桶，年轻女性在其中沐浴。这么说来，法国大革命时雅各宾派的重要人物马拉也是被美丽的暗杀者夏洛蒂·科黛刺杀于浴室之中。在当时，一边泡澡一边会客，特别是会见年轻女性，似乎不是失礼的行为，相较之下，将客人分解成肉的故事，就非常无趣了。

另一个澡堂的故事。一男子在澡堂捡到药，带回去给患眼病的

---

[1] 译者注：见《夷坚志补》卷八"京师浴堂"条。

家人涂上，立刻就痊愈了。该人后来遇到了药的失主，说起了此事，却被告知，那药非但不是眼药，根本就是毒药。从故事中立刻就认为澡堂捡到的药物是眼药来看，开封市井中似乎眼病流行。①

宋代澡堂的记载本就很少。宋仁宗为太子时，东宫属官之一的鲁宗道的家就位于宋门旁的浴堂巷，这个地名完全给人一种澡堂街的感觉。澡堂在当时称为浴肆，但鲁宗道家还毗邻开封名酒楼仁和店，浴堂巷是否名副其实，不得而知。尽管如此，作为皇太子属官的高级官僚，与大型酒楼比邻而居也是很有趣的。在日本的话，相当于住在赤坂。鲁宗道还留下了这样的故事，他于家旁酒肆饮酒，被宋真宗急召却迟到，遭到了皇帝叱责。②

从这些记载来看，街市中是有澡堂的，但是读《水浒传》，却是英雄豪杰用盆哗哗冲澡的描写。妙龄女子冲澡是浮世绘般的风景，但108位带着魔性的"好汉"们冲澡，实在是乏味的光景。

中国有名的澡堂还有上海浴场。开高健的《玉、砕ける》（《玉碎》）中描写过的上海浴场搓澡和修脚技术之精湛，为许多人所记载。陶然其中的感觉令人难以忘怀，真是一个发展出了独特入浴术的民族。我虽然想寻找宋代澡堂的相关记载，但是没有找到相符的史料。

这样的喧闹始于凌晨3点，尚是夜色拂晓之际，人们带着勃勃生气，出门而去。开门的不仅有食肆，还有针线铺、旧衣店、理发店。繁华街道上，艺人也出来表演了。潜伏于开封街市中的各色人物都醒了。

---

① 译者注：见《夷坚三志》卷八"浴肆角筒"条。
② 译者注：见《续资治通鉴长编》卷九九。

那么不同生意又是怎么样进行的呢？出人意料，这方面一无可知。对开封面貌细致记述的孟元老，一味对欢乐内容着墨。他记载的都是食肆、酒楼、妓院、市井小买卖，仿佛置身在市井之中，虽然提及了高级的酒楼与妓院，但并不清楚其中内情。比起在高级酒楼饮宴，孟元老本人或许更愿意在合适酒肆中喝上一杯。

粪便处理

早上的另一难忘景象就是粪便的运输。过去，我早上在开封街上散步，就看到有人拉着大板车，车上载的是深色的长方形木箱，人们提着桶来，将桶中之物倒入木箱，这就是早晨收集前夜粪便的场景。

关于中国人的粪便处理，林京子的《上海》与《ミッシェルの口紅》（《密雪儿的口红》）中写得非常详细，烦请一读。概括来说，中国家庭中都有马桶，用于解手，然后再将其收集起来，清洗马桶是女性的职责。我在中国旅行时，见到过家门口晾干木桶的场景，那就是马桶。

宋代开封早晨的情景虽然不清楚，但杭州每天有专人负责收集粪便，他们被称为"倾脚头"，各有组织及相应地盘，如果地盘遭到侵犯，不惜打官司来维护自己的权益。宋代开封应该也同今天一样，可以看到倒马桶的场景吧。

简单来说，在宋代，苏州的事例已经证明当时确立了针对生活困难者的救济制度。救济机构会将粪便收集出售，将所得作为燃料费用。今天用水冲走粪便，付钱请人回收，是最近才形成的习惯，日本在不久之前还是将粪便作为农家肥出售。杭州运河之上，可见搬运粪便的船只，类似于如今的真空清扫车。日本江户隅田川上也经常可以看到许多运输肥料的船只。基本上，水路既然发挥了道路功能，悠闲的航船景色就不复得见了。泛舟河川的景象恰是今日之景。尽管如此，一想到河中上下肥料的运输船，就联想到了歌谣《春のうらら隅田川》（《春光明媚的隅田川》）中船人的身影，又是别具一格的风景。

开封的白天

从早上起，开封的人潮拥挤一直持续到白天的活动，商人的活动益发活跃。宋代的夜晚虽然变得明亮，但灯火之光还是微弱。需要在阳光下进行的工作还是很多，许多的买卖是以即将起床活动的人为目标。为求每日生计的活动开始了，官吏前往官署，大商人坐在账房，但最有趣的还是街市中的熙攘人潮。

都市中的交易五花八门。都市交易不仅限于出售奢侈的金银、高级丝绸、香辛料、宝石的店铺，更重要的是日常生活必需品获取的容易程度。还有一点就是生活的便利性。

这些在开封都已经出现，尤为令人瞠目的是形形色色买卖的出现与发达的服务业。养马供草料，饲犬供饴槽，养猫提供作猫食的小鱼，放在今天来说，就是宠物食品生意。供应的不仅有宠物食品，还有门牌、各种神佛绘画等。还有卖水的，卖水的人各有固定客户，供应某坊某人，各有地盘。当时生意人之间都有主管人与势力范围。

这些交易之外，还有焊补、打钉、箍桶、修工具、修鞋、刷皮带、补帽，生活必需品的购买与修缮都有专人经营，客人下单就提供服务。他们在街市中游走，招揽生意。行商的不仅有这些人，小贩也在其中。小贩边走边拿着小孩子的糖果与玩具叫卖，可以想象，孩子一见就吵着让父母买给自己的场景。

其他生意，诸如涂漆、打钗环等首饰、背大斧为人砍柴、炼煤球、换扇柄。到了夏天，还有洗地毯与淘井等，实在是经营多样，手艺人们都跑来推销。服务业作为都市中不可或缺的基本商业，几乎都已经出现。

都市的人们未必都有固定的工作。寻求当天活计，拼命做日工谋生的人也很多。在都市中，他们的求职种类繁多。

如果要修缮宅舍、修补墙壁，随便在哪个街角雇人即可。从早上起，失业者、乡下来的求职者就在翘首盼着雇主。后世苏州也有机工求一日工作的立候之处，这样的场景在很早之前的开封就可以看到了。因此，哪怕是一般家庭稍有事，立刻就能雇到人，这些人被称为"杂货工匠"。除了工匠，道士与僧侣也在等待工作。如家中办婚丧喜事要借他们之手操办，便要来街角觅雇，这些人被称为"罗斋"。这些职业的从业者无须开设店铺，而是类似于日本江户里长屋住户，每日外出找活儿。①

开封街市的另一个特色就是出租业发达。举办宴会时，一切都可以请业者包办，屋内陈设、桌椅、餐具、酒器，全部可以租借，菜肴与酒水都可送达。

在家中集会或园林游赏，一切都可以租借办成。从发请帖到宴

---

① 译者注：日本长屋即传统平民居住的大杂院。江户时代，许多平民租住在长屋中，需要每天出去找活儿谋生。

会准备、最后宴会的余兴节目，一切都可以委托给专业人士，千人集会也可以立刻准备妥当。这类宴会的安排者称为四司人。斟酒服侍者称为白席人，就是今天的陪同人员吧。

丧事也一样具备各种服务。办丧事时有等级之分，规格各不相同。驱鬼神像、灵车、装饰布置，都有定价。

现在所谓的汽车租赁系统当时也有。前往较远街市而怕麻烦的时候，可以租借马匹，街角桥旁就可以觅得。此前，出租的都是驴，到北宋末，都已换成了马。押金100文，意外地价不高。《清明上河图》中工作的动物也很多，可以看到马、驴、骡、骆驼。现在日本几乎见不到人与动物共同劳作的景象。我初到中国之际，看到都市中马满载货物、拉拽大车，还觉得很有趣。街道上树立着汽车与马通行的相关标志，连上海这样的大都会中都可以见到。

交通工具与车

介绍一下开封的交通工具。步行的人虽多，乘轿的人也不少。轿子与日本的不同，日本的轿子是跪坐在其中，开封的轿子则是坐进去的，所以轿子是长方形的。轿夫在头目的领导下形成组织，至清代，都市轿夫间的争斗一直引人瞩目。清明时节，车轿以杨柳、花束装饰，做成花轿。

乘轿外还有车，最大的车称为太平车，这似乎是专门的货运车。太平车无盖，两侧有扶手，前方突出长柄，用来套系牛、驴、骡。用牛五六头，或者驴、骡二十头左右拉车，分为前后两列，后面悬挂铁铃，可以承载货物数十石。不仅如此，还有车后面系两头驴或骡，在通过险峻桥梁、坡道时，这两头驴、骡后退，还能起到刹车作用。此外还有名为官中车的车辆，以驴牵引，比太平车小。

比官中车更小的是平头车，以牛牵引。平头车用来运载酒桶，酒桶为长方形桶，桶上有圆孔出酒。其他还有权贵家眷坐的车与人力推的独轮车。根据用途不同，车辆种类繁多。

车辆牵引用的是牛、驴、骡，除此之外，在《清明上河图》中还可看到骆驼与马，它们载人载货，行于城内。开封城中，不仅有叫卖声、艺人、小孩们的喧闹，也充斥着货车轮响、动物嘶鸣的喧嚣。

相国寺一带

如果说热闹是都市和繁华街道的本色的话，那指的就是相国寺的集市吧。现在开封还有名为相国寺的名刹，不过因开封数度遭洪水侵袭，现在的相国寺当然与宋代的不同，但依然是继承了其传统的名刹。

在规定的月日，相国寺会举办集市，开封城的居民在此买卖交易。相国寺山门数道，进去最先是宠物市场，在第二、第三道山门，是家具与工具市场，张彩帷的店铺与小摊鳞次揽客。除此之外，从日用品到应季水果、盐腌干肉，百货辐辏。

靠近佛殿，名货陈列，无论是道士所戴的冠帽，还是蜜渍果脯、笔墨，这里所售商品都冠以"某之某物"的名号。仔细阅读宋代资料，偶尔能看到这样冠名的物品。不单是店铺与艺人，从日用品到馒头一类的点心，也出现了冠名。从中可知，当时出现了卓越的匠人，制作了优秀的商品，将其品牌化并进行宣传。和现在的情况类似，

白兔标记的针商标

贴着同一商标的山寨品也随之层出不穷。宋代商品经济飞速发展，其中也有令人惊愕的一面。

这里有个有趣的东西——白兔标记的针商标，附带了像当代流行的广告文案一样来宣传出售，反映了宋代消费经济惊人的发展实际。

让我们再继续逛一下相国寺集市吧。佛殿廊下随处都在出售寺中尼姑的手工品。绣品、假花、珠翠、头面、针线等，五花八门。白兔标记的针想必也陈列其间吧。转到殿后，都是书画、古董。甚至一些从地方上来转职的官员，也会带地方特产来出售，这算官员的小副业吗？后廊还有占卜师，《清明上河图》也描绘了道旁的临时简陋小屋中从事占卜的人物，在日本庙会中也附有这样一种风景。

街市中的简谈

在街上漫步，总能看到有趣的事物。像是路上陈列货品出售的情景与往来的车辆，说书人也是这幅素描的风景之一。

看《清明上河图》，酒楼旁是馒头铺，位于正讲得热火朝天的说书人身后，似乎是蒸馒头。虽然说都叫馒头，但与日本的不同。唐代起小麦种植普及，使得面食变得流行。面粉揉制后产生了面条与馒头、包子等吃食。最近，这些面食在日本变为饮茶时的点心了。菜单中有馒头与包子，很多人应该都吃过。

小麦与大米的食用方法完全不同。被一些人誉为人类最大发明的石磨介入到了小麦的制作与食用中。磨好的面粉揉制、拉伸，有时还要进一步发酵后使用。唐代后期经济的税制——两税法，基本上是配合小麦大米的收获，分为夏秋两季征税。饮食生活的根本转变，改变了税制。

进入宋代，馒头受到人们的喜爱，相关故事开始流传。叶梦得随笔《避暑录话》中就有相关记载。有一个没吃过馒头的穷书生，他在馒头店前面突然倒下，喊道："吾畏馒头。"感到奇怪的馒头店主心疑是否真有其事，把许多馒头放在屋里，让书生进屋，悄悄观察。书生一边惊叫，一边还是把放着的馒头吃了半数以上。知道被骗的店主问："若尚有畏乎？"穷书生回答："犹畏腊茶两碗尔。"[①]这个故事还流传到日本演变为落语中的故事。

最近好像不流行这个故事了，但这可以说是一个勤工俭学穷学生的故事，同时也是讽刺装模作样士人的笑话。虽然不知道是否基于事实，但即便是传闻，也能反映馒头受欢迎的程度。

像这样行走于拥挤人潮中的人，他们是官僚还是士大夫，是僧侣还是学生，是老爷还是仆人，是商人还是工匠，实际上一目了然。因为各阶级的人，各有穿着与特征。但是，作为都市素描中的一部分，女性是不可或缺的，被认为是罕见男性天国的中国，也并非看不到大显身手的女性。在外被要求退让的女性，回到家后，领导家族、非常活跃的情况也不少。但在《清明上河图》中，女性的身影很少。令人略感遗憾。

---

① 译者注：见《避暑录话》卷下。

高级的、设计杰出的服饰、饰品是为女性而存在的。掌握该国最先进用具的通常是女性。即便是市井女性，不，正因为是市井女性，其发型、服饰、随身物品才更反映出当时文化。女性在《清明上河图》中着实少见，配合壁画与其他绘画来看，往昔风俗令人神往，有趣非常。

　　如此热闹且活力洋溢的开封街市，虽然还有想去一窥的街市与店铺，但差不多该折返，然后去郊外看一看。

都市圈

　　都市出现，周围自然就产生了都市郊外景观，即都市边缘的风景。至今，我们都是一边旅行，一边向都市靠近。那么，在都市居民看来，怎样的距离是都市范畴，怎样的距离属于都市周边呢？都市居民应该有与非都市居民不同的感觉。

　　开封郊外指的是怎样的范围呢？探寻的线索之一就是考察行乐地。宋代的人们也享受着季节性游玩，屡屡介绍的《清明上河图》，正如其题名，是关于清明节的绘画，而且描绘的是以开封郊外虹桥为中心的地点。

　　前面已经提过，这幅画中包含的开封风景的说法很多，但我都没有采纳。所谓清明节的绘画，就是春日扫墓的绘画。雪融寒缓，人们的心情也温和如春。此时的人们终于可以去天气变暖的郊外，享受气淑风和。正如画名所示，《清明上河图》便是以此光景为中心描绘的。

　　《清明上河图》将虹桥设定为主体。虹桥位于开封郊外七里，是一处繁华之所。我认为该地已经有了小都市般的景观,因此可以将其视作探索一般性都市景观的线索。据记载,杭州郊外也很繁华,从相当远处就人烟稠密。从这个意义上说,这幅画对于都市郊外的考察也十分适合。

回到开始再思考一下。宋代人们能外出多远距离去游玩?这是具有测量都市边缘与都市化范围意义的重要问题。比如在品田穰《都市の自然史》(《都市自然史》)中,论及江户的行乐圈,就大致列举了都市近郊。

开封的情况,在孟元老记述逝去的都城繁华的《东京梦华录》中,列举行乐地时,写道:"大抵都城左近,皆是园圃,百里之内,并无闲地。"宋代1里约为552.96米,因此可以认为周长约53公里内为游览地,是今日也无法匹敌的大规模行乐圈。品田穰并未举出如此规模的江户行乐地。他简单地认为行乐地大致在一日可往返的距离,即以江户城为中心数公里范畴。当然,随着都市圈的扩大,行乐地也会扩大,但即使是昭和(1926—1989)初期,江户附近的行乐地也大致在20公里范围内。

这一推测是否适用于宋代呢?虽然中国与日本不同,但以前平民的主要交通手段归根到底是步行,行动范围应该不会有如此大的差距。

但是,考虑这个问题时,必须要讨论当时一般行乐地的距离,仅靠翻书,毫无所获。即使记载有去园林、寺观、坟墓等的距离,近者为2—3里,远者达50里,他无法判断何者为一般行乐地。

洪迈记载宋代平民风俗的《夷坚志》中,有宿于数十里外的扫墓者,在10—15里范围内游玩、扫墓、购物者也绝不少。但是100

里的几乎没有。因此在考虑这一点前，必须看看日常世界的规模大小。"行乐"一词，有前往郊外的含义，但没有极端远行的意思。

生活圈

日常世界指的是怎样的范围呢？根据唐代的事例，比如记载于《太平广记》这一传奇小说集中的故事。夜贼于50里外行窃，赃物带入城中后，很长时间没有败露。[1] 50里大致是现在的28公里。宋代《夷坚志》中也有相似记载，距离为30里，约16.6公里。[2] 虽然还有都市间的距离与市场圈的问题，但这也是当时一个日常生活圈的范围吧。总之，17公里不是人们日常简单交流的世界，至少不是一日内能轻易往返的距离，正因此，流言难以传开。

况且，只是单纯的步行距离也无法测算。比如无法知晓人类的步行速度。以前，《文艺春秋》（1979年7月号）刊载过题为《統計から見た日本人——そんなに急いでどこへ行く》（《从统计看日本人——如此行色匆匆是要去哪里？》）的文章。这是测量不同城市中的日本人步行速度的有趣题目。根据该文，步行速度因时代与地域而有若干差异。

日本走路最快的是大阪人，最慢的是鹿儿岛人。实际上，在1小时内有1000米的差距。亚洲各国的测量并未刊载，但似乎是发展

---

[1] 译者注：见《太平广记》卷一百"屈突仲任"条，屈突仲任常夜行五十里盗牛马，到城市分卖，"以其盗处远"，无人发觉，行盗十余年。
[2] 译者注：见《夷坚志》卷八"金刚灵验"条，城外三十里有一伙贼人开设旅店，劫杀独身的客人。

中国家比较慢。鹿儿岛为每小时4788米，马尼拉为每小时4464米。

虽然并没有别的确凿证据，但我并不觉得宋人的速度与大阪人相似。如果是这样，宋人的步行速度可以认为在每小时4—5千米。如此一来，1小时大概步行9里。当然，问题并非就解决了。外出时间是清早还是午后？移动手段是骑马还是乘船？抑或是徒步前往？地形也是问题，是要翻山越岭，还是穿行平地？一切都与我们出行一样，需要根据实际情况，但还是以单程1小时考虑较妥当。

比如《夷坚志》中，10或15里的事例，再加上城内的步行距离，数字会更大。从家到城门有2里左右的话，单程就是10里再加上2里，往返为24里。换言之，单程是1.5小时的距离，15里就是超过2小时的距离。

一般行乐地，单程步行耗时2小时，距离也是相当之远，即便

开封的郊外景观（《清明上河图》）

在交通手段便利的今天，单程 2 小时也并非近距离。对于当时实际的行乐地与行动样态有必要进行更详细的查证，姑且还是以城外 10 里为一个基准。

这是合乎情理的设想，与开封筑城相符，城外以 7 里为准，设置为坟区，在以善饮与谐谑著称的石曼卿所咏"瞭见皇都十里春"中也可以得到肯定。在苏州郊外 10 里建有石湖别墅的范成大，频繁地去往苏州城内，也是因为距离合适吧。

还有城外 7 里的虹桥，确实如《清明上河图》中所绘，喧嚣盈耳。春日至，开封民众游玩之时，虹桥正是一个轻松可至、距离合适的行乐地。

此外，身处都市郊外，就会想到可以补充物资的都市圈。旅行者的行动距离也可以成为考察都市圈的线索，但是这又会造成别的问题。都市商业圈的问题，比城市景观与行动圈产生的问题更为复杂。但这是非都市居民的想法，从都市居民的角度看，以 7 里为基准，应该是没有错的。

七 另一个首都

临安

与金交战后国破南迁的宋朝，在经历短暂漂泊后安顿于杭州。此后，这个被称为行在或临安的都市，成为南宋实际的都城。

杭州历史悠久，但其都市形态真正得到发展则与开封相同，始自隋代大运河开通。蜿蜒的大运河连接南北，杭州作为它的南起点，都市发展的基础得以稳固。即使今日，杭州也是中国屈指可数的大都市。

唐代近三百年间得到扎实发展的杭州，面貌一新，而成就其不可动摇地位的则是吴越钱氏。趁唐末混乱，钱氏在江南之地建立吴越王国，在其公元907—978年的统治时间内，兴办了诸多事业。在吴越建国前的节度使时期，公元893年，钱氏意气风发地进行了对杭州的扩建，奠定今日杭州之基础。随着江南发展，作为运河起点的杭州地位提升，其在长江下游地区都市群中的地位不可动摇。吴越钱氏建都杭州便是在此基础之上进行的。

吴越之前的杭州城仅限于西湖畔的狭小部分，即使在唐代取得飞跃性发展，但从当时中国中心的华北看来，尚是个穷乡僻壤般的都市。杭州西有西湖，南临吴山、凤凰山，群山绵亘，东为以大潮闻名的钱塘江。从整体看，仅有北面为开阔的平地。

杭州本为钱塘江冲刷上游泥沙堆积而成的土地，因此西湖与钱塘江之间仅隔数公里。虽然因受白乐天钟爱，杭州之名与其风景名声大噪，但唐代的杭州尚是一片萧条土地。如其后宋代般的繁华还为时尚早，一踏出杭州城外，是一片萧瑟与风拂苇塘的景象。自南向北流淌的钱塘江在此堆积泥沙，向北扩展湿地。吴越在此地筑造

七　另一个首都

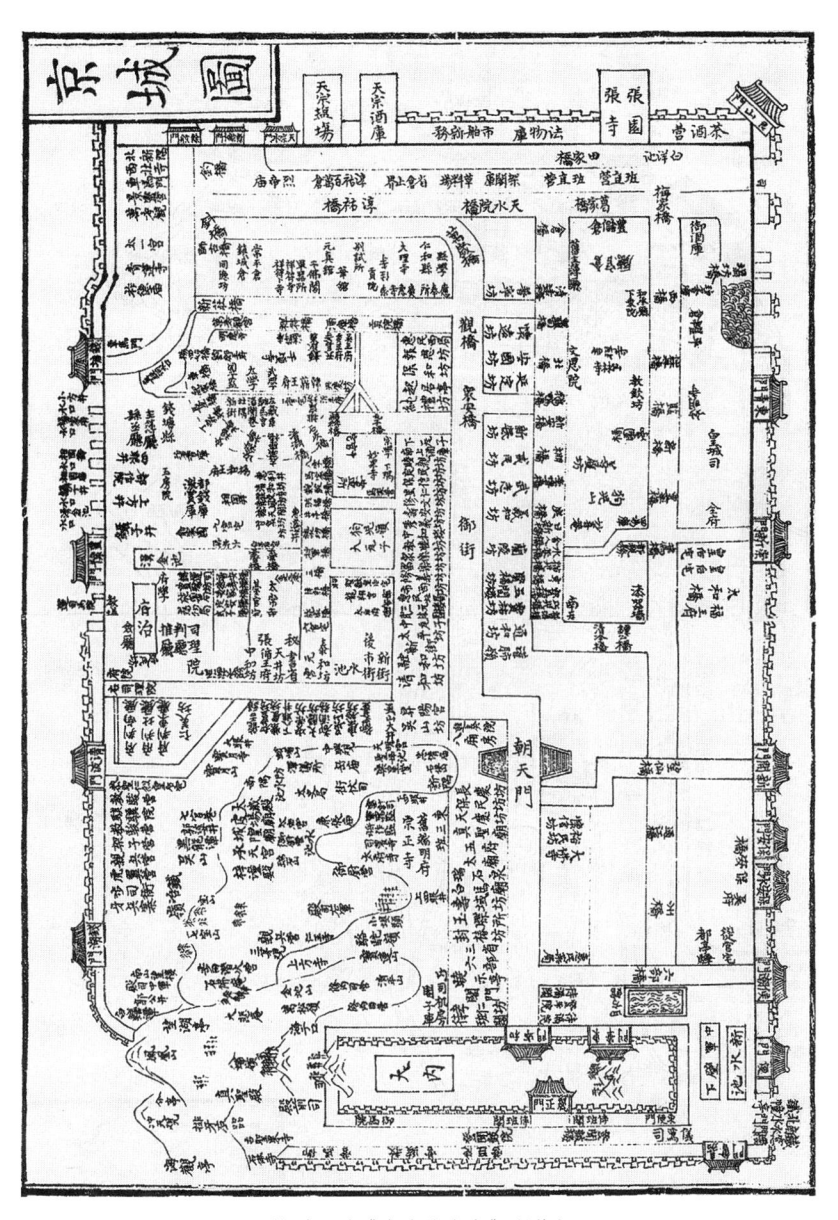

杭州图（《咸淳临安志》所收）

堤防，着意治水与灌溉，建设了周长达70里的巨大城墙，近40千米。

南宋使杭州得到了更进一步的发展。由于畏惧建都长江一带的建康府要面对的北方民族的压迫，南宋选择建都杭州，这样一来便构筑了这一世间罕见的都市的基础，杭州日后被称赞为"上有天堂，下有苏杭"。

宋代杭州的形态又与吴越不同。吴越时将更南面的秦望山也包括进去，对比之下，宋代杭州大致南止凤凰山，但北部基本是吴越钱氏时期的杭州城，即此而言，宋代杭州城变得狭小了。但也可以换个说法，南部原本就是不需要的部分，通过对这一部分的舍弃，杭州的都市形态更为协调。

此种地形特色，由于南宋建都于此，出现了中国历史上拥有罕见地形的首都。在此之前，王城、宫城一般都位于都城内的北部或正中央。相比之下，南宋宫城位于杭州南部，被安置于凤凰山山麓至吴山的狭长地带。

不知何故，临安宫城没有留下详细记载。从《咸淳临安志》中所刊皇城地图看，一部分凤凰山山麓被包围在城墙内，有宫殿坐落于此。写有"大内"字样的地区旁边绘有微隆起的山岗，树木茂密。我也一度到这里探访，那里是一处长而险峻的坡道。马可·波罗记载，宋代皇帝在树林中与宫女嬉戏后享受沐浴，沉湎于苏丹式的享乐。仅就我的现场探访而言，我不认为会存在那样的场所。总之，这是一处狭隘的宫城区域。

从《咸淳临安志》看，大内，即宫城的周围设有数个官署。虽然官署没有尽数收纳入宫城内，但以其周围为中心设置于各处，这样的构思基本与开封相同。

七　另一个首都

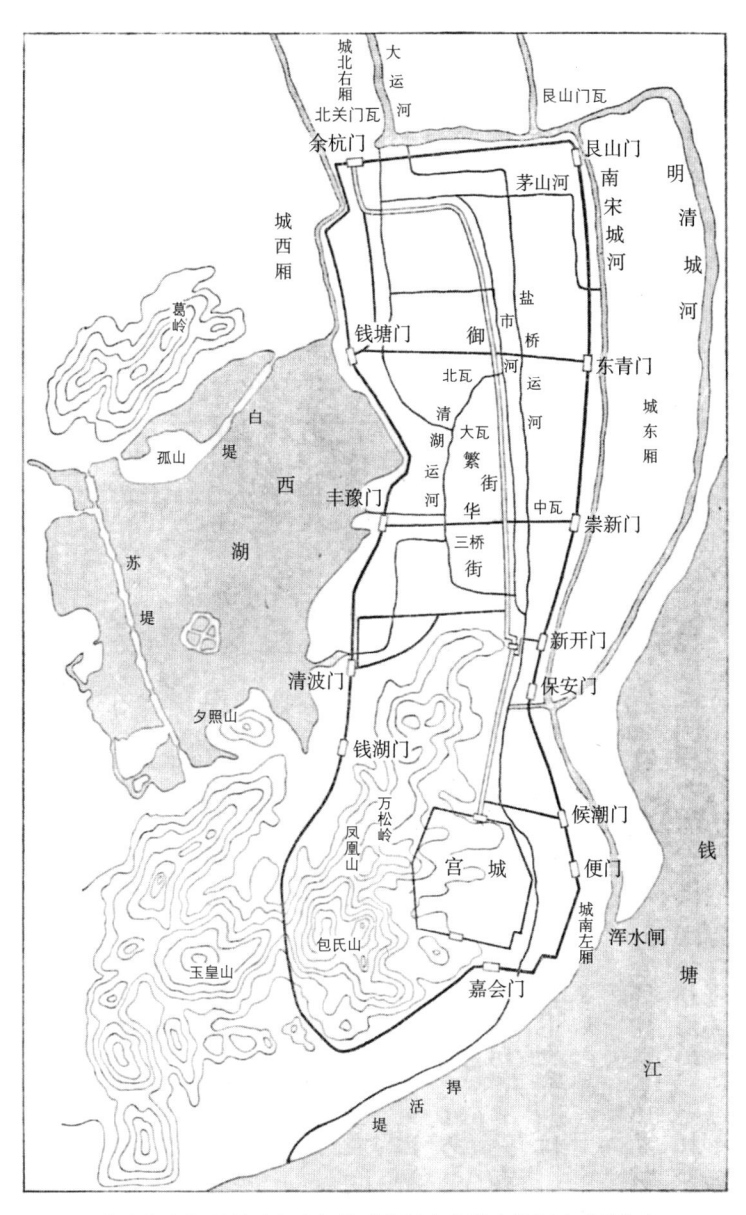

南宋临安规划图（贺业钜著《中国古代城市规划史论丛》）

但是，令人觉得不可思议之处也很多。在南面城墙与宫殿之间的狭隘空间中部署了数个官署这点就很不可思议。尽管这些官署都是与民政无直接关系的部门，但是否有如此多的空间可以容纳？但看到位于宫殿后的嘉会门旁还有瓦子，这也就不值得奇怪了。

这样一来，可知无论北宋、南宋，皆是狭隘的宫城。因为都是将已具备一定都市形态的城市改造为首都，自然会出现这样空间狭隘的问题。但是，一般来说，宋代以后君主的独裁性得到了强化，这样的话，如此欠缺庄严的都市形态是从何而来？令人觉得不可思议。

形态

其次是杭州的形态。与水生都市相符的水路在城内奔流，陆路虽也错综复杂，但最重要的还是运河。因此，对杭州而言，水城门与陆城门一样具有重要意义。城内中央流淌的主运河是盐桥河，配合上与其平行，具有辅助功能的产业水路——市河，构成了城内主要的交通道路。全长约6千米。

此外还有市河西流淌的清湖河，位于盐桥运河东的名为茅山的短运河，沿东侧城墙外流淌，起到了护城河与运河功能的菜市河等，水路密布。这些运河经逐一修整，形态得以完善。还有连结钱塘江与城内、西湖与城内的水门，通过引入钱塘江水应对产生的潮水涨落差。

杭州以运河维持都市机能的运转，但其基本形态与苏州完全不同。苏州运河的特点是狭窄且部署井然，杭州运河并没有如苏州般狭窄，运河在狭长的杭州城中以纵向、细致划分的形态展开，且有数条运河连接西湖与钱塘江。运河深入杭州城内有着重要意义。

这明显反映出运河起到了将物资运入城内深处的重要职能。杭州聚集着众多的人口，君临于都市顶点，在需要大量物资的同时有着物资贮藏库的职责。在这点上，其首都职能与开封相同。但是杭州有着自身特点，运河与运河所围绕的景观，展现出与开封的截然不同。

城内交通，尤其是物资运输，以水路为主体。陆路也被充分使用，但已经不大使用车辆。如开封街市中所见的各种样式车辆，在杭州已经很少见到了。江南都市道路多以瓦或砖进行路面铺设，车辆难以使用。如此，船成为了主要的运输手段，船只创造出了与开封不同的景观，运河的景观也与开封极为不同。

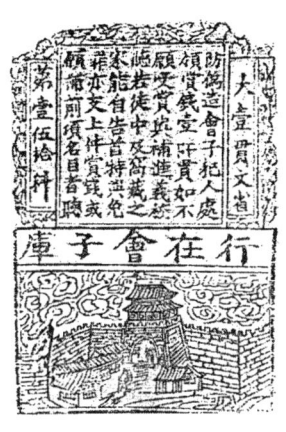

纸币上所绘南宋临安城墙与城门

运河

首先是水质。开封运河水流相当急，含有黄河泥沙；杭州运河含盐分，水流舒缓。如前所述，这甚至影响到了上下船台阶的形式。但因为引入了钱塘江水，杭州运河也含有部分泥沙，后又引入西湖水进行改良，维持了运河的畅通。

运河中还出现了一个景观特点。在开封，运河上的船只自遥远江南而来，要组成船队来运送物资，终点处设有众多仓库，内城的相国寺附近定期有集市。也就是说，一旦物资进入开封，接下来就会在陆路流通。相比之下，杭州运河的作用更大，以运河为中心组成了商业地域。且杭州街市的形状也是狭长的，运河数条主干道可以覆盖城内相当一部分区域。

还有一点，主要的粮食产地都位于杭州附近。杭州地处丰饶的生产地带，且以水运联结。都市正中流淌的市河与盐桥河有着同等的重要意义正在于此。

城内运河还在城北与大运河相连。但是，华北是南宋丧失的领土，船已经不能到华北了，不需要如过去般再考虑远距离的船队。因此，进入城内的船也不必巨大，故而在杭州运河上，根据用途，可以看到各种形态的船只。即使是物资运输船也不如开封所见般尽为大型船只，运河上的船只多种多样。

其次值得注意的是城内运河明显的职能分担。当时的杭州城内外，各种职业组成了称得上是行会中心的商业区。一方面，这些称"行"或"团"的行会垄断经营，另一方面还有进行政府回购的行会。它们在固定场所进行营业，零售商从它们那里批发商品，与日本批发中心及批发街的景象如出一辙。同时，向城内各处出现的行会中心运输货物的运河，也由此产生了各自的特色。这样的状态在南宋已经以明确的形式出现，并给予都市景观巨大的变化，形成了产业水路功能的运河侧发展为仓库群，生活水路的运河侧发展为居住地的景观。

去看一眼行会都在哪里，经营些什么吧。鲞团位于盐桥运河汇入钱塘江的一带，鲞团即经营鱼干的店铺；经营鲜鱼、青果等的团位于靠近宫城的候潮门侧；米团、鱼团在北面的北关门一带。杭州这样地处物资丰饶地带的都市，出现了与生产地之间有着密切关系的经济地带，且暗示着庞大物资输入的事实。

都市结构与景观

杭州城外同样繁华。城外东侧沙洲，居住的是漂泊至杭州的下层百姓与兼营农户、下层小吏、小商人等，且人口密度相当高。据说150万杭州人口中，相当多的人住在这里。他们承接杭州的工作来谋生。从人口来看，杭州的规模远在开封之上。

自西面西湖起，集市林立。物资自苏州、湖州运入，沿大运河，街市绵延至北，众多船只经历一番航行，抵达杭州，由此产生了许多集市，其中著名的北关夜市等还有绘画流传。除此之外，在城北还有数个商业区，一靠近杭州，就能见到都市性的景观。这里居住着众多城内的溢出人口。

其中，居住在西湖附近一带的多为中层以上人家。此地风景秀丽，具备许多成为高级住宅街区的要素，风景佳处多易成为别墅地区。

更为明显的分别则在城内。城内的繁华街道集中于都市中心及西部，临近西湖游览地，人流涌动。此地既有商业街，又靠近娱乐中心，因此发展成为中层以上人士的居住地。其中的高级官僚，尤其是宰相这样的身居要职者，在地近皇宫处建造宅邸。南宋史上留名的众多宰相都在距离皇宫1公里左右范围内建宅，因此杭州的中心街道往南，坐落着众多的高级官僚宅邸与官署。建筑多宏伟壮丽，营造出了极佳的景观。

大胆想象一番，这甚至影响到了街市中人们的模样。居住在比较富裕地区的人自然衣着光鲜，艰难度日者众多的地区，人们的衣着多是褴褛破败。不仅如此，还会影响到地区的男女比率。富人居大宅，雇女仆，虽然也有男仆，但富人的世界，对女性的需求要更多，而且有些人还会娶妾室。广大艰辛度日者的世界，居所狭小密布。许多迫于每日生计者与闲季打工者涌入其中，造成了男性众多的局面。

这里的铁律也是富人垄断大量女性，贫穷男性抱膝独枕。在人口的男女比率上，西面的女性要比东面的多。因此，西侧的景观更为繁华。"富者愈富，贫者愈贫"引用自《圣经·旧约》中《马太传》，称为"马太效应"。在这里也可以得见。

这样的城内结构自然就使得运河产生了功能分配。盐桥河正如其名，运输的是盐、米、油、炭等生活必需品，此外还运输许多维持都市机能的物资，例如砖瓦、木材等。盐桥河可以说就是运送物资的要道。进入城内，盐桥运河分流至盐桥一带，河畔仓库林立。满载货物的船只在此中途靠岸后向南而去。

相较之下，市河仅连结繁华街、官厅街、皇宫，客船与小型货船居多。也就是说，生活水路色彩突出。杭州的史料记载中频见的运河繁华，主要说的应该就是这里，由此可以想象出运河功能的分配情形。这是当时交通系统已具备优秀的分工结构的证据所在，但无法就此断定运河是完全分而用之的。进入盐桥运河的船只体型庞大，运输完成后无法轻易掉头，只能继续直行，进入市河，或自菜市河驶出。因此，城内南部的运河交汇处应该十分拥挤。这正是杭州都市与其运河的面貌，与苏州都市贯通的结构不同。

这样形成的杭州，城内的中心区域占整体面积的三成左右，是

七 另一个首都

最繁华、宅邸云集的部分。从地图与史料看，这一带相关的地名与记载频见。繁华的同时，也是变化多端的部分。因此，这一带可视为杭州的中心。

南宋形成的杭州景观，之后也在加速地扩展。即使是都市，实际上也不是整个都城内都是人家。既有繁华之地，也有人烟稀少之地。但是，杭州任由人口发展，人家尽满都城，甚至溢出至城外。各要地建起高大宏伟的建筑，使视野变差。运河污染，居住环境也在恶化。

笔者最近获得了一张名为"南宋杭城风景图"的明信片。杭州工艺美术研究所以想象中的南宋杭州主街——天街为主题，绘制了一幅长达30米的绘画，明信片则是以此绘画为对象的摄影作品。因为是现代作品，不能完全相信其对当时的复原。但描绘的房屋鳞次栉比的画面，反映了其作者的想象与笔者一致。人家密集到过剩的景观方才是杭州。

火灾时常侵扰杭州，每隔数年就会发生一次大火。据记载，有时烧毁数万家之多，可以想见宅地之密集。

皇宫也难逃火厄。政府苦思应对，充实消防团，发布告示，要求将茅草屋顶改为具有耐火性的瓦顶，但是，平民根本无意准备如此多的改造资金，租客对租住的房屋也无意花钱改造。杭州本就人口过密，就算是简易房屋也不愁租客。

请以此为线索，想象一下，电车正从上町驶向下町[①]，眺望车外景色，不正如杭州一般吗？低矮的房屋密布，狭窄的小路延伸其

---

① 译者注：上町在日本指繁华街道，下町指都市的低洼地区，为商业、手工业者居住地。

间，活跃的民众就是以这样的地方为舞台，经营生活。政府出于应对火灾的目的，想要对该地进行空地整理与道路维修，但当地居民马上又会侵占街道，如此一来，就形成了益发高度集中的都市景观。

随着时代的发展，杭州的发展走向了极致。马可·波罗描绘进一步发展后的杭州："主要运河上架设的桥梁，大型船只即使不放下桅杆也可以轻松通过。人家众多，物资丰富。且主要街市中高楼栉比。街道上有着常设男女仆服侍的冷水、温水澡堂。城内妓女也很多。"[1]

从这段记载中可见，尽管此时南宋已经灭亡，但杭州愈加发达，形成了高度集中的都市景观。马可·波罗的介绍不仅限于消费层面，还涉及产业发展。都市中有12种手工业者行会，各有12000家匠户参加。他们又各自雇佣10余名匠人，有时是15、20、30，甚至40名匠人。[2]

这是马可·波罗吹嘘夸大的数字。如按照这个数字，杭州仅工匠就轻松达到200万人，但这充分展现了令马可·波罗惊叹的杭州所潜藏的惊人发展。

从这个记载可以想象，直到近世，杭州一直在持续发展。作为产业发展的象征，杭州的发展带来了明代都市领域的扩大，宋代的杭州大发展再次上演。在大时代的转换期中，都市杭州形成了高度

---

[1] 译者注：此段出自《马可·波罗游记》第二卷的第七十六章《雄伟壮丽的京师（杭州）市》（陈开俊等译，福建科学技术出版社1981年版），整段内容颇长，作者此处仅概括地引用数语，并非直接原文引用。

[2] 译者注：此段与《马可·波罗游记》记载有出入，不知作者所据为何。例如"12000匠户参加"，雇佣人数"30"这一数据，中译版及英译版中皆未见。

七 另一个首都

集中、过剩的景观。宋代的确是都市景观形成史中的重要时期。

西湖畔

西湖是与杭州人生活无法分割的生活空间，恬静的景观使人心情平静。陆游一到杭州，就立即出门，遍游西湖。西湖中还有竞渡等各时节游戏，也有应季而兴的游玩场所。

淳熙六年（1179）三月末，当时退位为太上皇的南宋初代皇帝高宗驾幸西湖举办放生会。活动盛大非常，为了此次活动，西湖中的鱼被全部买下，当时高宗特地召见了宋五嫂，宋五嫂被召上船，回答了皇帝的垂问："东京人氏，随驾至此。"

宋五嫂是宋代代表性的名厨，尤其以擅长烹饪鱼羹闻名。关于她，袁褧《枫窗小牍》一书中就有记载。

> 向在开封时，闻临安为大都会，称地上天宫。然南渡所见殊异，万事不适意。开封饮食固多奇妙，临安则无所擅名者。名店数所不过尔尔。中有宋五嫂，为我家仆佣之嫂，时往过访，亦他乡寒故也。悲夫！[①]

[①] 译者注：此处引用并非《枫窗小牍》原文，而是作者引卷上、卷下各一条合写而成。卷上："汴中呼余杭，百事繁庶，地上天宫。及余邸寓山中……惟野葱苦荚，红米作炊，代脂供饮。不谓地上天宫，有此受享也。"卷下："旧京工伎，固多奇妙，即烹煮盘案，亦复擅名。……若南迁，湖上鱼羹宋五嫂、羊肉李七儿、奶房王家、血肚羹宋小巴之类，皆当行不数者。宋五嫂，余家苍头嫂也，每遇湖上时，进肆慰谈，亦他乡寒故也。悲夫！"（详见《全宋笔记》第 4 编第 5 册，第 219、231 页）

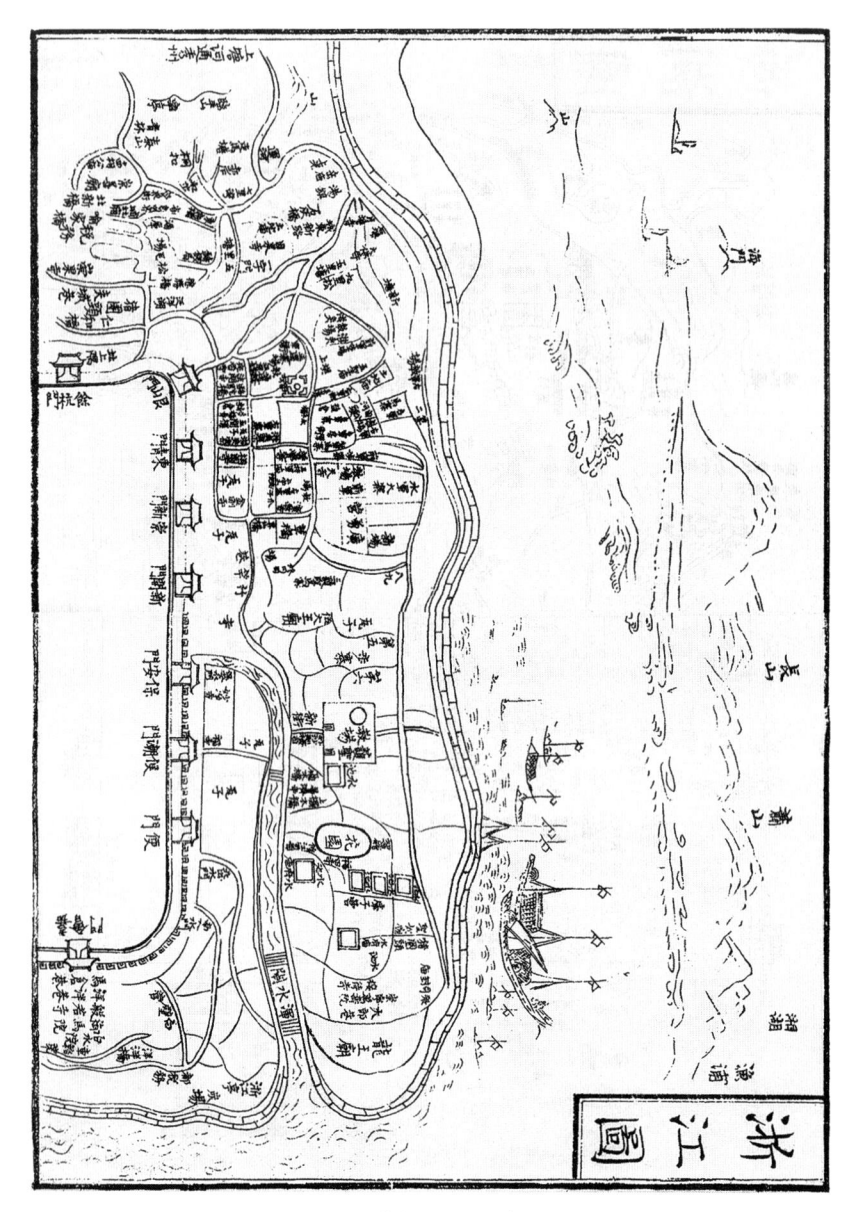

浙江图（《咸淳临安志》所收）

虽然南逃到了临安，但无法适应异乡风土，人们追忆开封之怨声仿若可闻。南北风景如此之不同，笔者也曾在中国自北向南旅行，秀丽江南风景使我长舒一口气。因此，临安即使胜过开封，也无法掩盖华北与江南的区别。

袁褧的这则逸闻反映了许多人从开封迁至临安的事实。实际上，杭州至今还有人说着不同的方言。北宋末年他们自华北迁居而来，开封一带方言留下了浓厚的影响。

有趣的是，开在开封的南方食店，南渡后仍名"南食"。《都城纪胜》中指出："其名误矣。"各种各样的事物自开封流入临安，以江南的经济实力为支撑，发展繁荣。

西湖也注视着杭州人的哀乐。笔者实际上出身日本岛根县松江，松江西有宍道湖，东有中海，尤其是宍道湖，与西湖相似，武田泰淳也写过。[①] 在这种意味下，笔者第一次眺望西湖，及在西湖中乘船航行时，无比感动。连绵起伏的山峦，绝非透澈的水面，这些景象从某种意义上都使人联想到了宍道湖。

杭州瓦子的中心是一个表演场——勾栏，和着曲调的歌声自勾栏中传出，多是以唱咏西湖恬静景色起首。

临安的繁荣

临安的繁荣可以说一个奇迹，其繁荣程度异乎寻常。谢和耐 *Daily Life in China* 也详尽叙述了杭州的繁荣，但南宋刚灭亡时到杭

[①] 译者注：武田泰淳（1912—1976），日本小说家，有《森林和湖水的节日》《富士》《审判》等作品。

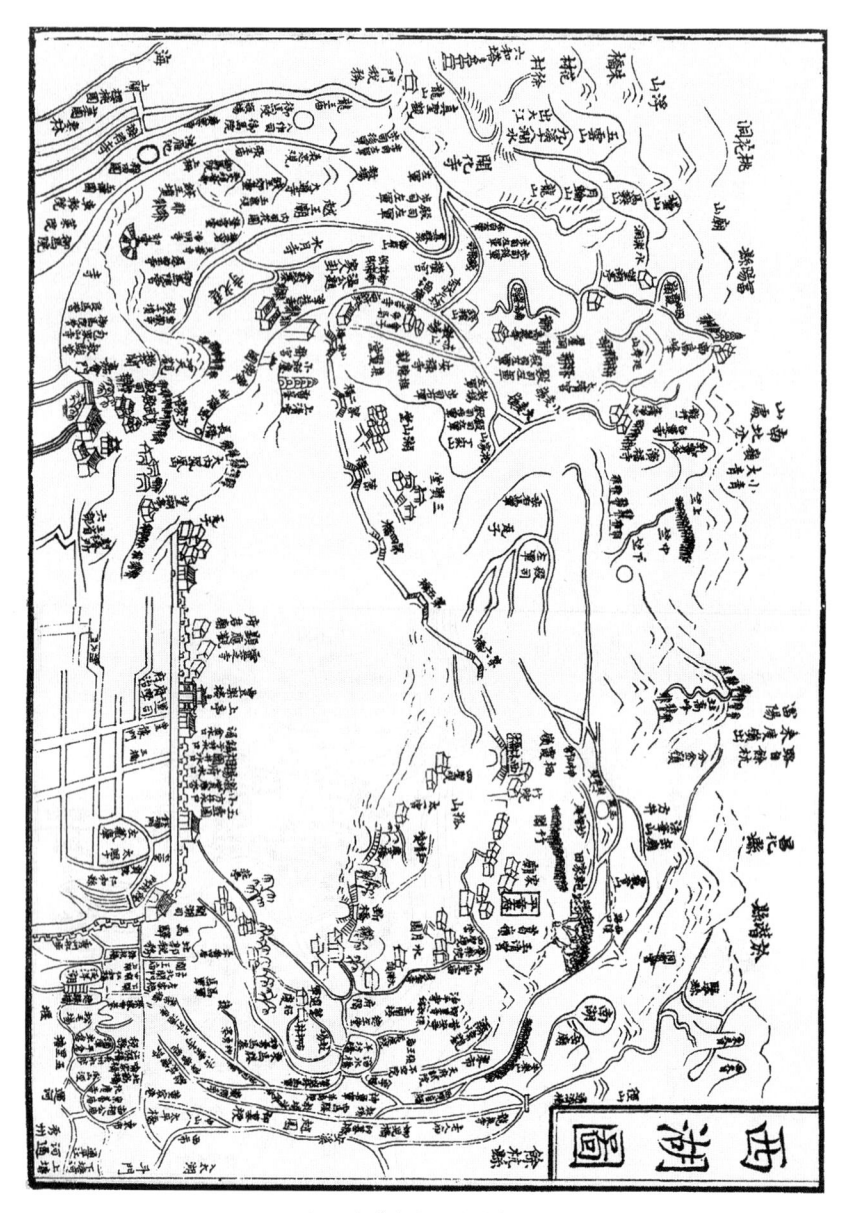

中国中世都市纪行——宋代的都市与都市生活

西湖图（《咸淳临安志》所收）

州旅行的马可·波罗所描绘的景象更为亲切，他生动地描绘了杭州鼎盛的模样。

发展中的杭州在南宋时代人口就超过150万。杭州浸润于富饶的江南，其发展得到了支持，水生都市之花得以绽放。北宋的都市之花含苞欲放，它萌芽于开封，摧折于金国入侵。北宋灭亡导致的开封消亡，宛如绽放得愈发浓艳即将盛开的硕大花朵被突然连根拔起。

南宋定都后，杭州的文化得以繁荣，可以说是开封都市文化的再现。不，与其说是再现，不如说是新的文化之花更为恰当。这应该是一朵睡莲，一朵鲜红的睡莲，非常引人注目。

自古以来，江南文化就有强大的魅力，吸引着人们。陶醉于江南文化之花下者众多，有六朝的暗弱帝王、王孙公子，隋炀帝也是其中的一员。从这个意义上说，江南文化这朵在炎热天气中绽放的鲜红睡莲，与毒艳的罂粟花相似。是像盛装华服的女性，还是像姿容绝妙的年长女性呢？我见到江南文化，总是想到波德莱尔的诗。

波德莱尔将当时主宰沙龙的浓妆艳抹女性歌咏为《被诅咒的女人》[1]。

> 啊，处女，恶魔，怪物，你们这些殉道者，
> 具有轻视现实的伟大精神的女人，
> 探求无限的女人，信女们，色情狂们，
> 时而喊叫，时而哭泣流泪的女人。

---

[1] 译者注：作者原引角川书店版，此处改引钱春绮译《恶之花》，人民文学出版社1991年版，第273页。

外表艳丽，释放浓烈芳香的水生都市，与其歌咏相符。

在北方民族的强大压力下，皇帝与官僚们只是口头上高呼恢复中原。南宋末宰相贾似道一味隐瞒蒙古来袭的压力，终日寻欢作乐。宋理宗望见西湖灯火通明，说道："此必贾似道也。"翌日询问，果如所料。临安的繁荣，真可谓是立于累卵之上。

风景

杭州是水生都市，景观与开封截然不同。南渡的开封人自然会感叹二者不同。这种不同表现在水路上，因为出门时都要坐船。在这点上就与坐车的开封不同。

陆路也并非完全不使用。马可·波罗有许多使用轿子、车辆的记载。即使在南宋，宫中游行也是一样通行于陆路。游行队伍在两条运河包围的繁华大街上行进，但该道路已非直线，而是中途拐弯，虽然道路长度超过开封，但这点使其大失威仪。

宫内随驾的官吏也走陆路。开封一般都是骑马，还有人为了得到马，引发了渎职事件。而杭州流行坐轿，虽然也会乘车，但官员们已经坐上了被称为肩舆的轿子。

肩舆同日本的舆与驾笼相当不同[1]，虽然同样是前后各有一人抬，但乘客是坐在轿子中央的。轿子可以在街市中的轿子店租赁，这一点倒与日本的驾笼店体系相同。

---

[1] 译者注：日本的驾笼（かご）是人乘坐的部分由木或竹子制作而成，吊在一根木棒上，由人从前后抬着前行。而舆（こし）是以两根辕木抬起屋形的载人交通工具，放在肩头扛，或腰际用手抬。两者都是跪坐在其中。

官员们也并非完全坐轿,根据情况,他们也会乘船。南宋末宰相贾似道以手握大权,政出私门而闻名。他生活在西湖的对岸,据说他在奉驾之际、匆忙之时就会乘船。据记载,他乘坐的船上没有撑船的船夫。船被称为车船,推测是一种外轮船,似乎是一种机械装置。作为宰相所用的珍奇船只,应该很引人注目。

运河中航行的船只众多。人们平常乘坐的船名为落脚头船,这种船也被用于运货。富人有自己的船只。杭州运河中行驶的船只不止这些。杭州旁有都市湖州,以产米知名,从湖州往杭州米铺运米时使用大滩船。其他的柴炭、砖瓦、灰泥、盐等,都以大滩船运送。

旅客用船有艟船、舫船、航船、飞篷船等。旅客雇上述船只前往苏州、湖州、秀州,官府也会雇船。这些船只集中于杭州附近的运河,总是拥挤异常。此外还有渔船、钓鱼船。涂成红色的是寺观船只。艟船、滩船往来河中,搬运粮食与柴炭。运河中通行的还有粪尿搬运船,如前所述。

在超过150万人口的大都会杭州,并非仅城内人家密布充塞,城外也是人家满溢。城内居住的是皇族、高级官僚、富商、致仕养老者,城外为下级官吏与军人、农户与渔人,他们的居所包围着杭州。还有凤凰山这样的被称为客山的特别区域,外国豪富居住于此。

城内众多店铺鳞接。售卖金银珠宝,绫罗绸缎、呢绒等布料,书画、古董,还有荞麦、饭食,肉与内脏所制熟食等的店铺林立。虽然不知道具体到底卖的是什么,但确实品类繁多,陈列店前,满足着人们的胃。杭州人讲究的舌头成了培养世界顶尖中国烹饪的原动力。

宋高宗驾幸大臣张俊府第时的菜单留存至今,当时为招待皇帝及随驾人员，共上了200余道菜肴。以幸田露伴为代表，提到这个菜单的人很多，烦请大家一读。笔者对记录下这个长长菜单的周密感到钦佩。当时杭州城内对这次宴会的议论大起，菜肴可能都成了街谈巷议。

杭州城内如此洋溢着活力。都市中产生了结构性的分化，存在高级住宅街、市场、寺院等区域，这些或分散于城内各处，或集中于一处。米铺多位于城北米市行一带，城内米铺等待米行决定米的种类、价格后送米过来。当时的米有诸多种类，米成为商品作物，种类丰富，因此交易变得复杂。城内皇族、高级官僚的俸禄是以米支给，此外还有民众每日所食，为此必须每日运米入城。

交易支付要约定日期，米行来收款。此外，新开门草桥下的南街也开着三四十家米市，以同样的方式进行交易。当然，这里也有搬米的脚夫，以及米袋出租。

肉铺与鱼店的规模也很大。修义坊有肉市等，两条街都是屠宰之家，每天宰杀牛、猪不下数百头，宰杀后再分割成各种部分。这些肉与骨头按用途卖给城内外食肆、酒楼。这些场所自三更起开市，因此肉市需从半夜12时起一直劳作至天明。鱼店也有一二百家，又是相当庞大的数量。这与水乡泽国的地理相符，鱼种类丰富，就连小街狭巷都有鱼售卖，便利至极。

娱乐的发达

任何时代，商业与娱乐都是都市的精华。杭州也同开封一样，商业贸易活跃，瓦子的发达也毫不逊色。不，是较开封更甚，瓦子数量远在开封之上，据记载有 23 所，上演节目超过 50 种。这些节目都在被称为勾栏的表演场中上演，据记载，杭州北瓦子内有 13 座勾栏，这应该算是南宋时代的百老汇了吧。勾栏活跃的艺人数量也极大增加。说"小说"者就有近 60 人，"讲史"的有 26 人，"说经"的有 20 人，"商谜"的有 13 人，"合笙"的 1 人。许多演出节目与艺人姓名也有介绍。"讲史"很受欢迎，北瓦 13 座勾栏中，专门"讲史"的就有 2 座。

这些表演节目似乎是由名为书会或社会的艺人团体创作。他们在宋代的实际状况不甚明了，但从元代记载推测，他们的活跃支撑起了演艺界。这些活动使得《水浒传》与《三国演义》得以完成。

从此时起，演出节目的内容也一定程度上可知。其中，还有若干流传至今，在元明小说中留下痕迹的也不少，有许多的相关译注书籍，有兴趣者请务必一读，同时能一读近代日本的文学、评论，也能对各方面有所了解。虽然对诗与文学、评论感兴趣的人很多，但不知什么原因，不读书的亚洲人也很多。本书想通过中国文学遗产和其研究者的成果，对都市景观进行复原，本书的读者也一定能在其中找到熟悉的世界。

元末《醉翁谈录》中记载着《花和尚》《武行者》《飞龙记》等演出节目，这些大都是与《水浒传》有关的故事，但《飞龙记》的故事色彩略有不同，这是北宋建国者宋太祖赵匡胤的故事。太祖自年轻时就豪放磊落，故有他遍游全国、修习武艺的传说。由此就产生了他的故事，成为在戏棚上演的节目，非常受欢迎。

宋太祖的故事如何受欢迎呢？明初的朝鲜翻译教科书《朴通事谚解》中就有一个示范对话。

> 我两个部前买文书去来。
> 买甚么文书去？
> 买《赵太祖飞龙记》《唐三藏西游记》去。[①]

"部前"即大都（今北京）地名。这两册书名出现在对话示范中，可能是当时书店的畅销书。

《唐三藏西游记》说的就是《西游记》故事。此故事如何形成发展，参考中野美代子的一系列研究便一目了然。另一部《赵太祖飞龙记》即宋太祖的故事。

该故事内容不甚清楚，但明末清初的《警世通言》一书中出现了宋太祖大展拳脚的故事。

年轻时有万夫不当之勇的太祖，因大闹开封遭责，孤身负剑逃难天涯。他途中寄居伯父处，遇见了被强盗掳来的姑娘，将其护送回乡。途中他击退了来袭的强盗，将姑娘平安送达。姑娘的父母一方面非常欢喜，另一方面又因一路孤男寡女，怀疑两人关系。清高的太祖愤然表示，若是贪图女色，何必护送至此。愤怒的他远游而去，清白遭疑的姑娘在悲痛中自杀以证清白。

感觉是一个平平无奇的故事，之所以受欢迎，大概因为是关于宋朝建国者的故事吧。

笔者有一段关于宋太祖故事的回忆。记不得是在无锡还是镇江，在江南独自旅行的我，在车站的商店里看到了一本名为"赵匡胤演义"的书。拿到手上一看，是年轻时太祖大显身手的故事。序文中提

[①] 译者注：转引自朱一玄编《明清小说资料选编》（上），齐鲁书社1990年版，第470页。

到，此书由孙惠文口述，刘兰芳整编。阅读时请注意，此书带有强烈的封建色彩。尽管如此，从这种书籍出版一事本身，就可以想象宋太祖经久不衰的人气。拿到书时的惊讶，以及列车上同乘的中国人说知道这本书时的表情，我仍有印象。

众所周知，从宋至明的中国社会中发展形成的平民文化，后流入日本，助力了江户文化的形成。杭州作为培育平民文化的都市，也被长久铭记。

当时杭州的街市中充斥着运河行船之声，道路上车动轮响，高声叫卖与讨价还价，其中尤为响亮的便是艺人的声音。寻求短暂欢乐的人们蜂拥入街市，迈入戏棚，中国的小说中也记载了许多听众与艺人你来我往的热闹景象。

犯罪都市

都市中另一个必不可少的就是犯罪，不管喜欢与否，人们都可能被卷入案件中。什么在驱使人的恶呢？任何时代，恶、犯罪、色情都是构成人世的重要因素。

即使在宋代都市，勒索、行窃、诈骗、诱拐、抢劫、贪污、杀人诸类犯罪，也一应俱全。宋元明逐渐成熟的小说题材中，男女私通、偷人妻子、卖掉求助女子、舍弃患病女婿等，各类犯罪都有描写，还有鬼怪混迹人世为恶的故事。

不仅上述犯罪事件，还有许多人被意外卷入犯罪。比如《水浒传》中就描写了善良的人们在不知不觉中卷入犯罪，潦倒落魄。既有原本平安度日却境遇突变的人，也有善意转化为仇恨最终陷入犯罪的人。平凡生活中的小事，也会成为导火索引发大事件。小至个人离别，大至官员贪污、国家攻防，人们似乎不得不在混乱、命运变迁以及与恶的纠葛中生存下去。

最近，中国发现的重要的《名公书判清明集》一书，是宋代的判例合集，日本留有的是宋代印刷的残本，一时无法获知该书全貌，中国发现的确认为明代刊本，并已出版。该书中记载着人世的羁绊纠葛，从遗产继承，到物品借贷、势要专横，乃至杀人。案件何等之多。

苦于每日的烦恼与不公平，在重重危险中生存的人们，寻求公正的判决与审判官。作为中国的断案高手，至今仍很受欢迎的包公的故事正反映了这一点。笔者多年前在中国台湾地区旅游时，观看了庆典的戏曲表演，是由巡回艺人演出的包公剧目。在现场"包公""包公"的喝彩声中，可以窥见经久不衰的包公，即包拯的受欢迎程度。

宋代名臣包拯，即包待制，其判案在明代被汇总为《包公案》。与南宋汇集了古今名审判官判例的《棠阴比事》一同流行。这些即使在日本也能读到，江户时代形成的名审判官故事，即所谓《大冈政谈》，以及以京都所司代案件为题材的《板仓政谈》，也受到其极大的影响。

从《大冈政谈》与《板仓政谈》，到最后受欢迎的远山金四郎的故事，至今仍受欢迎，其原因何在？那是因为人们感到自己生存在一个不公的世界。名审判官非常受欢迎，至今非常有人气的情节——将军与奉行等亲自在街市中惩奸除恶，反映着平民从感情上希望与不公的世界一刀两断，以及对现实束手无策感到绝望的复杂心情吧。完全虚构的《水户黄门漫游记》也属于这一范畴。

这样的判决有助于明了当时的社会与结构、纠葛与想法，但这些史料使用起来有一定困难。史料中出现的犯罪确实反映了当时的社会，一方面，被揭发的案件的确是社会矛盾的突出表现。既有出于杀一儆百目的而被揭发的，也有在社会变化中视为犯罪被揭发的。

另一方面，无论法律还是审判都是落后于社会发展的。在现实中也根本不存在预测社会变化与案件来制定的法律。虽然许多事物在实施之际本就是预测后制定的，但大都很快就变得与现状不适应。即使为了应对社会变化而完善法律，大多数情况也仅是对现状的事后承认，并且法律的允许范围也成了问题。因此，想从法律文书层面去弄清楚社会结构，必须清楚其存在相当困难的一面。似乎有些言过了，笔者只是想通过这些一窥当时民间故事产生的背景。

宋代都市的无赖们

关于都市的无赖们，虽然谈得不多，但前述中偶尔会涉及。杀人卖肉的澡堂老板，贪污城墙工程款的小吏，无恶不作、掳掠女子而居于下水道中的男子们。

这些犯罪从小到大，充斥于街道中。沈括说过，卖卜者皆是些胡说八道之辈。科举应试者求卜时，他们就说落第，科举应试者大多都会落榜，这样大致就会算中。如此一来，占卜就会被认为很准。[1]

---

[1] 译者注：沈括《梦溪笔谈》卷二二："京师卖卜者，唯利举场时举人占得失。取之各有术，有求目下之利者，凡有人问皆曰必得，士人乐得所欲，竞往问之；凡有人问悉曰不得，下者常过十分之七，皆以为术精而言直，后举倍获，有因此著名，终身缴利者。"

记载临安事物的《武林旧事》中列举了当时的犯罪。有柜坊赌局，即合伙出千拖人入赌局，诈取钱财。还有水功德局，称与上头有关系，可以帮忙求官、觅举、恩泽、迁转、讼事、交易等，骗取钱财。又有买卖货物时，快速掉包，变换如神的白日贼。他们可以飞快地将衣换成纸，金银换为铜铅，香药换为土木。

人群中的窃贼相当蛮横，剪取行人的衣囊环佩，称为"觅贴儿"。上街还能遇到敲诈犯、扒手，"拦街虎""九条龙"等说的就是他们。临安街道上充满危险，因此，主管人员下率数千人以维护治安。他们虽然负责逮捕这些无赖，但其中的能力出众者，往往出身盗贼。这就是《目明し金十郎の生涯》（《捕吏金十郎的一生》）中的世界。[①]实际上，即使在日本，录用黑社会为执法者的事也屡屡遭到指摘。

那么，待在家就没事了吗？也不可大意，既有撬保险柜的贼、小偷一类人，也有巧妙诱骗出在家女性进行拐卖的人。宋代都市有着相当先进的一面，即使是犯罪层面也呈现出"活力"。

当然也有与女性相关的犯罪，称为"美人局"。当时有以娼妓为良家女子，骗取钱财，这类事时不时会出现在故事中。日比野丈夫在对临安进行简介时，引用明代田汝成《西湖游览志余》，介绍了南宋典型的犯罪。

故事是湖州富少刘某中了旅店店主的仙人跳。刘某请求店主帮忙介绍同宿出游军官的妻妾。少年刘某正与军官妻妾玩乐之时，主人归来，刘某交出所有钱财方获得对方原谅。实际上，此事件是盯

---

① 译者注：目明し意为捕吏。该书是由于阿部善雄利用史料《守山藩御用留账》创作的小说。主角金十郎是日本江户中期奥州守山藩的一名捕吏，在作为捕吏活跃的四十六年中，他同时又是一名无赖。

七　另一个首都

上了刘某财物的店主所设的陷阱。

还有更厉害的人物。《今古奇观》卷三八中受害者获胜的故事中，非常厉害的泼皮子弟中了仙人跳，女子的丈夫闯进来，喊道："干得好事！要杀，要杀！"泼皮面对抡刀的丈夫，冷静说道："你妻子勾引于我，要杀便我俩都杀了。""你妻子是摇钱树，是杀不得的。""若是告官，你设的局就破了，你也麻烦。还是另寻冤大头吧。"泼皮还在交谈中继续侵犯其妻子，然后从容离去。可见人外有人，天上有天。

宋代的警察机构完备，应对火灾的消防系统也开始成熟，尤其是在火灾频发的临安。居住都市之中，并非就没有危险，人们在享受都市生活同时也必须应对都市产生的危险。

繁华且富有活力的都市，其发展的同时，也在向人们索要着高昂的成本。

结　语

我们生活于极速发展的时代中，这给我们的思考方式与文明观带来了巨大变化。

不久之前，日本文化所憧憬的还是中国与朝鲜半岛，甚至有学者因迁居品川，靠近圣人的国家而感到喜悦。此外，与访日的朝鲜使节之间的交往，极大地影响了日本的文化人。当时，中文作为东亚的共通语言，对知识分子而言是必须掌握的。但众所周知，这股风潮转瞬间就瓦解了。

明治维新以降，即近代化的过程中，亚洲被定义为古老封建体系存续过久的社会，电影与文学作品中也是如此。相较于民主的西欧社会，总的来说，很多情况下，带有亚洲色彩的事物总是充斥着否定因素而出现的。

但是，这就是正确的吗？最近，江户时代民众鲜活的生活开始得到介绍，当时社会中的种种创新也逐渐明了。正如开头所述，当一个时代要到达顶峰之时，追求新展望的我们必须认真地学习过去的历史。

关于都市论也是如此。都市论盛行的今日，与西欧都市的比较研究仅流于表面，我们在数千年漫长进程中建成的都市被迅速抛弃。

我们祖先鲜活地生活、享受、痛苦过的都市生活的一面，被以惊人的速度遗忘。只对外出现这样的印象——亚洲都市是权力者居住的都市，那里无法看到民众的能量。

但是，我们看到了。看到了中国中世都市建设中的煞费苦心，看到了活跃的平民的能量将都市覆盖，看到了都市舞台上的人生百态。

从宋至明清的中国社会，处于严厉的统治之下，这是毋庸置疑的事实。人们所享受生活的背后，成为强大统治力量马前卒的官僚身影若隐若现。许多小说都描绘了人们温暖的关怀被冷酷官僚粉碎的情形。即使是近期的伦敦和巴黎，看似繁华的都市生活的背后，不能忘记被贯彻的统治与时代逻辑。

任何时代，平民的能量都是极惊人的。但是，不要被平民能量的光芒夺去了目光，陷入到中国社会很早就已经具有西方意义上近代性事物的误区。

但宋代以来的民众能量给日本社会带来十分大的影响，具有非常大的意义，希望大家能够对其重新进行思考。

本书中我们所注视的都市景观，是中国都市发展过程的一个顶峰。但同时，社会也向着下一个顶峰而去。宋代形成的都市会有怎样的变化呢？尚需一些时间方能看清。

（一九九八年二月二十八日稿）

最近的都市论过于忽视养育我们的亚洲都市，我们有必要再稍加考虑，对近代化中舍弃的都市进行研究。

借助酒精的力量，本书得以畅谈一番。在此向给笔者这个机会的各位衷心表达感谢。同时，我对能否满足读者的期待也心怀忐忑。

虽未逐一列举文献出处，但本书借助了众多研究的帮助。引用、理解有误之处，是笔者之责。所引书目未逐一言明，亦表歉意。

（一九八八年六月十五日初稿校正之际）

参考文献

新书省略了详细的注释、史料、资料介绍。引用、参考的各论文、专著、论文集及其他文献，列举书名。

单行本

石田幹之助『長安の春』（生活社、1994年、のちの東洋文庫に所収）

上田正昭編『都城』（社会思想社、1976年）

梅原郁『宋王朝と新文化』（講談社、1977年）

　　　同編『中国近世の都市と文化』（京都大学人文科学研究所、1984年）

加藤繁『支那学雑草』（生活社、1944年）

　　　同『支那経済史考証』上・下（東洋文庫、1952—1953年）

　　　同『唐宋時代に於ける金銀の研究』（東洋文庫、1965年）

川上光一『宋代の経済生活』（吉川弘文館、1966年）

岸俊男編『中国の都城遺跡』（同朋社、1982年）

　　　同編『中国江南の都城遺跡』（同朋社、1985年）

　　　同編『都城の生態』（中央公論社、1987年）

佐藤武敏『長安』（近藤出版社、1971年）

　　　同『長安——古代中国と日本』（朋友書店、1974年）

斯波義信『宋代商業史研究』（風間書房、1968年）

　　　　同『宋代江南経済史の研究』（東洋大学東洋文化研究所、1988年）

　周宝珠《宋代东京开封府》（河南师范大学学报增刊，1984年）

　鈴木敬先生還暦記念会『中国絵画史論集：鈴木敬先生還暦記念会』（吉川弘文館、1981年）

　周藤吉之・中嶋敏『中国の歴史』〈五代・宋〉（講談社、1974年）

　曽我部静雄『開封と杭州』（冨山房、1940年）

　周峰编《南宋京城杭州》（浙江人民出版社、1985年）

　陳高華著、佐竹靖彦訳『元の大都』（中央公論社、1984年）

　郑寿彭《宋代开封府研究》（中华丛书编审委员会，1980年）

　同济大学城市规划教研室编《中国城市建设史》（中国建筑工业出版社，1982年）

　中村賢二郎編『都市の社会史』（ミネルヴァ書房、1983年）

　　　同編『歴史のなかの都市』（ミネルヴァ書房、1986年）

　日比野丈夫『中国歴史地理研究』（同朋社、1977年）

　　　同『華麗なる隋唐帝国』（講談社、1977年）

　日野開三郎『唐代の邸店の研究』正・続（1968年、1970年）

　古林森広『宋代産業経済史研究』（国書刊行会、1987年）

　アンドリュー・ボンド著、田中淡訳『中国の建築と都市』（鹿島出版社、1976年）

　宮崎市定『アジア史論考』中（朝日新聞社、1979年）

　村田治郎『中国の帝国』（綜芸舎、1981年）

　室永芳三『大都長安』（教育社、1982年）

　林正秋《南宋都城临安》（西泠印社出版社，1986年）

刘敦桢编《中国古代建筑史》（中国建筑工业出版社，1980年）
庞德新《宋代両京市民生活》（龙门书店，1974年）

论文

井上泰也「短陌慣行の再検討」（「立命館文学」475 — 477、1985年）

同「銅銭を束ねる」（「立命館文学」493 — 495、1986年）

梅原郁「宋代の開封と都市制度」（「鷹陵史学」三・四号、1977年）

同「開封——新しい時代の百万都市」（「月刊百科」233、1982年）

岸辺成雄「唐代妓館の組織」（「東京大学教養学部人文科学科紀要」11、歴史学研究報告五、1955年）

木田知生「宋代開封と張択端『清明上河図』」（「史林」61 — 5、1978年）

衣川強「宋代の俸給について——文臣官僚を中心として」（「東方学報」41、1970年）

同「官僚と俸給——宋代の俸給について続考」（「東方学報」〈京都〉42、1971年）

妹尾達彦「唐代長安の盛り場」上（「史流」27号、1986年）

同「唐代後半期の長安と伝奇小説」（『日野開三郎博士頌寿記念論集』、1987年）

布目潮渢・妹尾達彦「唐代長安の都市形態」（『唐宋時代行政経済地図の作製研究成果報告書』、1981年）

G. W. Mote, "A Millennium of Chinese Urban History", Rice University Studies 1973.

梁庚尧《南宋城市的发展》上、下（《食货月刊》复刊10—10·11，1981年）

　同《宋元时代的苏州》（《台湾大学文史哲学报》31，1982年）

使用的其他相关论文有：讲座《世界歴史》9（東アジア世界の展開）（岩波書店，1970）、《世界の歴史》（筑摩書房，1961）。

文中多次引用的宋代都市、风俗相关的文献及译注中，《东京梦华录》使用的是入矢义高、梅原郁《東京夢華録訳注》（岩波書店），也有其他的摘译。《入蜀记》及中国小说类为《中国古典文学大系》（平凡社）、《東洋文庫》（平凡社）等系列所收录内容。其他全集、文库类所收新旧译注也很多，所举仅为一部分。内田道夫编《中国小説の世界》（評論社，1976年）不单讨论了中国小说，亦可作为都市文学阅读指南，故引用。

译后记

唐宋城市史的研究发轫于二十世纪二三十年代的日本东洋史学界，尤以加藤繁最具代表性，他在1931年发表的《宋代都市的发展》一文，指出了宋代都市发展中的"重要现象"——坊、市制度的崩溃，确立了此后唐宋城市史研究最重要的命题。其后，曾我部静雄、宫崎市定、日野开三郎、青山定雄等学者，在20世纪80年代以前，为宋代城市史研究积累了丰富的研究成果。平田茂树称此时期为日本宋代城市史研究的"定论期"，学者们在"唐宋变革"及"商业革命"方面达成了一致认识。

至80年代，进入到唐宋城市史研究的新阶段，学者们向两个方向展开研究。其中之一是，利用当时的史料复原城市景观，观察当时城市的社会变迁，伊原弘先生就是这一领域的代表人物。他在1988年出版的个人第一部都市研究专著——《中国中世都市纪行——宋代都市与都市生活》，即是通过史料对宋代的建康、苏州、开封、临安进行复原，通过与唐代长安的对比，揭示宋代都市结构的变化、都市民众的社会生活等多方面的内容，消费、夜生活、节日、行乐地、犯罪等议题的讨论，极大地丰富城市史研究的内容。

本书标题用"中世"一词来表示宋代都市的时代归属，这是近代以来学者们借鉴西方的古代—中世纪—近代的三分法尝试对中国历史进行分期。其中，宋代属于中世还是近世，中日学界都有长期而深入的讨论。伊原弘先生一方面揭示出宋代都市与前代的极大差异性，尤其是都市中最为引人注目的宋代平民的能量；另一方面，他又指出不能为其所迷惑，许多近代都市的风景虽然在宋代早已出现，但不能简单地将现象层面的事物作为时代判断的依据，陷入到中国社会很早就已经具有西方意义上近代性事物的误区。虽然他使用了"中世"来称呼宋代，但他也清楚地指出，中国都市与西欧中世纪都市存在明显差异。

这份差异性在作者笔下变得生动而鲜明。他以充满意趣的笔调，引领读者仿佛身临其境般地游览了至今在中国仍旧声名不衰的四座宋代都市——建康（南京）、苏州、开封、临安（杭州）。跟随陆游、成寻、孟元老，甚至是梁山好汉们的脚步，宋代都市的面貌缓缓呈现在读者的面前。从城墙、道路铺设、水道等益发完善的都市设施，到打破坊墙阻隔后的街道风景，都市民众的生活百态由此一览无余。无论是充满了欢乐氛围的节日，还是忙忙碌碌的普通日常，宋代都市的喧闹从凌晨一直持续到深夜，在灯火通明中洋溢着平民的能量，一切最激烈、最先进的变化都在都市中上演。在都市光彩夺目一面的背后，黑暗的一面也在蠢蠢欲动。开封城下水道中潜藏的盗贼团伙、临安城中防不胜防的种种骗局，以及平民生活背后作为强大统治力量马前卒的官僚们，皆能打破平民欢乐、温馨的瞬间，使其生活蒙上阴影。二者交织之间，在读者面前呈现出一幅栩栩如生的宋代都市生活画卷。

译者学力尚浅，文字浅陋，若有翻译不当之处，望读者包涵指正。希望读者能在本书中感受到宋代城市的魅力所在，重新去审视过去我们祖先居住过，甚至如今我们依然居住着的都市，感受都市在历史长河中有哪些方面发生了翻天覆地的变化，又有哪些方面至今未变。除本书外,伊原弘先生还有《宋代中国都市的形态与构造》一书,可以更多的带领读者"漫步"于各色宋代都市之中,领略宋代都市的独特风貌。过去,人们从对古代的再发现中,找到通往近代的钥匙,打破了中世纪的僵局。伊原弘先生也期待着,当现代社会发展速度变缓,停滞不前时,我们能够通过回望已经被遗忘的中世都市,寻找到未来的出路。

二〇二四年五月十三日于苏州大学炳麟图书馆